LAB MANUAL

J. Scott Despain
NORTH CAROLINA STATE UNIVERSITY

Jennifer Despain

¡ARRIBA!
Comunicación y cultura
THIRD EDITION
AND
BRIEF EDITION

Eduardo Zayas-Bazán
EAST TENNESSEE STATE UNIVERSITY, EMERITUS

Susan M. Bacon
UNIVERSITY OF CINCINNATI

Prentice Hall

UPPER SADDLE RIVER, NJ 07458

VP, Editorial Director: Charlyce Jones Owen
Editor-in-Chief: Rosemary Bradley
Assistant Editor: Meriel Martínez
Media Editor: Heather Finstuen
Editorial Assistant: Amanda Latrenta
Production Editor: Claudia Dukeshire
Executive Managing Editor: Ann Marie McCarthy
Cover Design: Ximena Tamvakopoulos
Prepress and Manufacturing Buyer: Camille Tesoriero
Marketing Manager: Stacy Best
Illustrations: Andrew Lange
Page Layout: Maria Piper

©2001, 1997, 1995 BY PRENTICE-HALL, INC.
A DIVISION OF PEARSON EDUCATION
UPPER SADDLE RIVER, NEW JERSEY 07458

Printed in the United States of America
10 9 8 7 6 5 4 3

ISBN 0-13-089609-8

PRENTICE-HALL INTERNATIONAL (UK) LIMITED, *London*
PRENTICE-HALL OF AUSTRALIA PTY. LIMITED, *Sydney*
PRENTICE-HALL CANADA INC., *Toronto*
PRENTICE-HALL HISPANOAMERICANA, S.A., *Mexico*
PRENTICE-HALL OF INDIA PRIVATE LIMITED, *New Delhi*
PRENTICE-HALL OF JAPAN, INC., *Tokyo*
PEARSON EDUCATION ASIA PTE. LTD., *Singapore*
EDITORA PRENTICE-HALL DO BRASIL, LTDA., *Rio de Janeiro*

CONTENTS

TO THE STUDENT

This **Lab Manual** was created to accompany *¡Arriba! Comunicación y cultura,* **Third Edition and Brief Edition.** The **Lab Manual** activities are designed to help you improve your listening skills and become a fluent speaker of Spanish. Its listening segments and activities correspond to the vocabulary, grammar, and themes that are presented in *¡Arriba!*. The recordings that accompany the **Lab Manual** present you with an array of opportunities to hear and learn Spanish as it is used in everyday interactions.

Each lesson in the **Lab Manual** corresponds to the topics presented in your text and is divided into three sections: *Primera Parte, Segunda Parte,* and *Repasito.* Each *Parte* focuses on the particular vocabulary and grammar points of the text and is divided into three subsections: *¡Así es la vida!, ¡Así lo decimos! Pronunciación,* and *¡Así lo hacemos! Estructuras.* Finally, the *Repasito* section gives you the opportunity to review the major points presented in the text.

An answer key at the back of the **Lab Manual** allows you to check your work and your progress in the course.

LECCIÓN 8
¿En qué puedo servirle?

PRIMERA PARTE

¡Así es la vida!

8-1 De compras. Listen to the following conversation and circle the letters for *all* statements below that are correct according to what you hear. Listen to the recording as many times as necessary to find all the correct answers.

1. Luisa y su amiga Rita van a una tienda. . .

   a. por la mañana.

   b. por la tarde.

   c. a comprar ropa.

2. Rita quiere ver. . .

   a. unos pantalones de cuero.

   b. un cinturón de cuero.

   c. una blusa.

3. La blusa de seda está en la. . .

   a. vitrina.

   b. tienda.

   c. sección de ropa para mujeres.

4. Hoy están de rebaja. . .

   a. los pantalones.

   b. las blusas.

   c. los guantes.

5. Rita usa. . .

   a. talla mediana.

   b. talla estrecha.

   c. talla 44.

6. Los probadores están. . .

   a. a la derecha.

   b. cerca de la caja.

   c. detrás de la caja.

7. Los pantalones. . .

   a. le quedan estrechos.

   b. son una ganga.

   c. le quedan muy bien.

8. La blusa. . .

   a. es más barata que los pantalones.

   b. le queda estrecha.

   c. es muy cara.

9. Rita compra. . .

    a. una blusa de seda.

    b. un cinturón de cuero.

    c. los pantalones de cuero.

10. Los cinturones y los sombreros. . .

    a. tienen un descuento.

    b. están en el mostrador.

    c. están junto a la sección de ropa para hombres.

¡ASÍ LO DECIMOS!

8–2 En la tienda. Complete the following sentences with words and expressions from **¡Así lo decimos!** Then listen and repeat as the speaker gives the correct answer.

1. Buenos días, ¿_____?

    ¿Me puede mostrar el vestido de rayas azul y rojo?

    Sí, se lo muestro ahora mismo.

2. ¿_____?

    La grande, por favor.

3. ¿_____?

    Sí, por supuesto. Los probadores están aquí.

4. ¿Qué tal le queda?

    _____ estrecha.

8-3 La vitrina de "La moda." Listen to the following sentences and circle all the items you hear named in the picture below.

¡ASÍ LO HACEMOS!

Estructuras

The preterit of stem-changing verbs: e -> i and o -> u

8-4 ¿Qué pasó? Form sentences using the cues provided. Then listen and repeat as the speaker gives the correct answer.

1. yo / pedir / crema de afeitar
2. tú / preferir / el perfume francés
3. usted / dormir / mucho en el cine
4. nosotros / le / mentir / al señor aquel
5. yo / repetir / el ejercicio
6. tú / seguir / estudiando por la noche

7. ella / sentir / hambre
8. nosotros / servir / los calamares
9. yo / dormir / ocho horas
10. los abuelos de Raúl / morir / en septiembre

8-5 Preguntas durante el almuerzo. Answer the questions you hear using the cues provided. Then listen and repeat as the speaker gives the correct answer. Use direct object pronouns whenever possible.

MODELO: ¿Quién murió en el año ochenta y seis?
            Borges
            Borges murió en el año ochenta y seis.

1. tú

2. solamente 6 horas

3. la torta de chocolate

4. José y María

5. yo

Ordinal numbers

8-6 El directorio. Answer the questions according to the information you see in the store directory below. Then listen and repeat as the speaker gives the correct answer.

MODELO: You hear: ¿En qué piso están los zapatos?
            You say: *En el tercer piso.*

DIRECTORIO	
1er piso	artículos de cuero, bolsos, cinturones, guantes
2o piso	regalos y accesorios, corbatas
3er piso	zapatos, sandalias
4o piso	supermercado
5o piso	artículos de rebaja
6o piso	cafetería
7o piso	artículos de deporte, zapatillas de tenis
8o piso	ropa para señores
9o piso	ropa para niños
10o piso	ropa para señoras

1. . . .

2. . . .

3. . . .

4. . . .

5. . . .

6. . . .

7. . . .

8. . . .

SEGUNDA PARTE

¡Así es la vida!

8-7 De compras en el centro comercial. Inés, Santiago and Marcela are at a shopping center buying Christmas presents. Listen to their conversation and circle the letters for *all* statements that are correct according to what you hear.

1. Marcela. . .

    a. va a la sastrería.

    b. compra corbatas.

    c. paga con cheque.

2. Santiago. . .

    a. consigue artículos de tocador.

    b. va a la zapatería.

    c. busca una sorpresa para Marcela.

3. Inés. . .

    a. compra pasta de dientes.

    b. va a la joyería.

    c. compra llaveros.

4. Platapura. . .

    a. es una papelería.

    b. es más cara que la otra joyería.

    c. está en el quinto piso.

5. Marcela. . .

    a. compra algo en la droguería.

    b. va a la papelería.

    c. paga en efectivo en la droguería.

6. La cafetería. . .

    a. está en el quinto piso.

    b. está junto a la droguería.

    c. sirve almuerzo a toda hora.

7. Nadie. . .

    a. paga a plazos.

    b. paga al contado.

    c. gasta mucho dinero.

¡ASÍ LO DECIMOS!

8-8 ¿Lógico o ilógico? Listen to the following incomplete statements and circle all logical words or expressions to complete them. Then listen and repeat as the speaker gives the correct answer.

1. a. pulseras.

   b. collares.

   c. guantes.

2. a. está de moda.

   b. tienen tomate.

   c. hace juego con el collar.

3. a. hace juego con el vestido.

   b. está de moda.

   c. vas de compras.

4. a. el talco.

   b. el frasco de colonia.

   c. la droguería.

5. a. champú.

   b. pasta de dientes.

   c. talco.

6. a. Gasto dinero.

   b. En la farmacia.

   c. En la zapatería.

7. a. La joyería.

   b. Guantes.

   c. Aspirinas.

8. a. pagar al contado.

   b. pagar con tarjeta.

   c. pagar con cheque.

¡ASÍ LO HACEMOS!

Estructuras

Demonstrative adjectives and pronouns

8-9 Preguntas en un almacén. Answer the following questions using the cues provided. Then listen and repeat as the speaker gives the correct answer.

MODELO: You hear: ¿Vas a comer en esta cafetería?
            You see: aquél
            You say: *No, voy a comer en aquélla.*

1. éste

2. aquél

3. ése

4. éste

5. éste

6. aquél

8-10 Lo bueno, lo malo, y lo feo. Compare the following items using the cues provided. Then listen and repeat as the speaker gives the correct answer.

MODELO: You hear: Estos precios son baratos.
            You see: (those at a distance) gangas
            You say: *Sí, pero aquellas gangas son más baratas que estos precios.*

1. *(that)* jabón

2. *(that at a distance)* camisa

3. *(these)* cadenas de oro

4. *(that neuter)*

5. *(those)* dependientes

6. *(this)* tienda

Comparisons of equality and inequality

8-11 Comentarios en una panadería. Compare what the following people have, using the words provided. Then listen and repeat as the speaker gives the correct answer.

MODELO: You see: Ana / primos / yo
            You say: *Ana tiene tantos primos como yo.*

1. abuela Dora / nietas / abuelo Enrique

2. tía Clara / sobrinos / tío Ernesto

3. yo / primas / tú

4. Enrique / nueras / papá

5. tu nuera / años / mi yerno

8-12 Hacer comparaciones. Compare the following people using the cues provided. Then listen and repeat as the speaker gives the correct answer.

MODELO: You see: Ana / ser / amable / yo
            You say: *Ana es tan amable como yo.*

1. mi sobrino / ser / inteligente / su padre

2. mi hijo / hacer compras / rápidamente / su tío

3. tu nieta / ser / simpático / tu hija

4. yo / buscar rebajas / frecuentemente / mi madre

5. tú / hablar / español / bien / tu abuelo

8-13 ¿Cómo son? Compare the following shopping situations using the cues provided. Then listen and repeat as the speaker gives the correct answer.

MODELO: You see: Ana / + / alta / Pablo
            You say: *Ana es más alta que Pablo.*

1. el centro comercial nuevo / + / grande / el centro comercial viejo

2. este almacén / – / elegante / ese almacén

3. estos dependientes / + / amable / aquellos dependientes

4. estos precios / – / barato / esos precios

5. las rebajas aquí / + / grande / las rebajas en la otra tienda

8-14 Dos dependientes en una joyería. Listen to the descriptions of Elena and Mariana, and answer the questions that follow. Then listen and repeat as the speaker gives the correct answer.

1. ¿Quién tiene menos años?

2. ¿Quién es más alta?

3. ¿Quién es más inteligente?

4. ¿Quién tiene menos hermanos?

5. ¿Quién es más simpática?

Superlatives

8-15 Los mejores. Describe the following people using the cues provided. Then listen and repeat as the speaker gives the correct answer.

MODELO: You see: Ana / + / inteligente / la familia
            You say: *Ana es la más inteligente de la familia.*

1. la tienda "Josefina" / – / cara / el centro comercial

2. la tienda "Eleganza" / + cara / de la ciudad

3. el almacén "Gigante" / + / grande / de todos

4. la papelería / + / pequeña / de todos

5. la zapatería / + / popular / las tiendas

8-16 Cuatro empleados de la papelería. Look at the chart below and answer the questions you hear. Then listen and repeat as the speaker gives the correct answer.

NOMBRE	AÑOS	HIJOS	VIVIR A	TRABAJAR
Agustín	28	1	10 km	8 h
Martín	29	0	15 km	4 h
Sandra	28	2	20 km	8 h
Pilar	25	1	10 km	10 h

Repasito

8-17 Anuncio del radio. Listen to the following radio advertisement and then answer the questions below as the speaker asks them. Finally, listen and repeat as the speaker gives the correct answer.

1. ¿A dónde piensa ir la amiga de Soraya?

2. ¿Qué es *Cursiri*?

3. ¿Qué cosas venden ahí?

4. ¿Venden ropa para hombres?

5. ¿Cómo son los precios?

6. ¿Acompaña Soraya a su amiga?

7. ¿En qué ciudad está *Cursiri*?

8. ¿Cuál es el número de teléfono de la tienda?

8-18 Una conversación en el centro comercial. Carmen went shopping but Lucía stayed home sick. Complete their conversation by filling in the blanks according to what you hear on the recording.

LUCÍA: Hola, ¿cómo te (1) _____ con las compras?

CARMEN: Muy bien, pero (2) _____ mucho dinero.

LUCÍA: ¿Qué (3) _____?

CARMEN: (4) _____ por varias tiendas. (5) _____, (6) _____ a la joyería y (7) _____ un (8) _____ para mi hermano y unos (9) _____ para mí. ¿Sabes a quiénes (10) _____ allí?

LUCÍA: No tengo ni idea. ¿A quiénes?

CARMEN: A Marcos y a su novia. Se llama Estela y es muy bonita. Me (11) _____ que la boda es en enero. No sabes qué mal la (12) _____ ellos.

LUCÍA: ¿Por qué? ¿Qué pasó?

CARMEN: Ellos (13) _____ los anillos para la boda pero no los (14) _____ porque no (15) _____ dinero para pagar al (16) _____. En esa (17) _____ sólo aceptan pagos con (18) _____ o en (19) _____.

LUCÍA: Bueno, cuéntame, ¿qué más (20) _____?

CARMEN: (21) _____ de la joyería con Marcos y su novia. Ellos (22) _____ a almorzar al restaurante mexicano y yo (23) _____ mirando (24) _____.

LUCÍA: ¿Y después?

CARMEN: Después (25) _____ a "La Moda".

LUCÍA: No me digas. ¿Qué (26) _____?

CARMEN: (27) _____ sólo las rebajas, pero (28) _____ un montón de dinero. Por suerte, (29) _____ con la tarjeta. (30) _____ unos (31) _____ azules muy elegantes y dos camisas, una (32) _____ y la otra de (33) _____. En la (34) _____ (35) _____ unos (36) _____-___ italianos por sólo 80 pesos. Después compré unas cosas en la (37) _____.

LUCÍA: ¿A qué hora (38) _____?

CARMEN: A las siete y media (39) _____ del centro comercial y (40) _____ a casa a las ocho.

LECCIÓN 9
Vamos de viaje

PRIMERA PARTE

¡Así es la vida!

9-1 El agente de viajes. Listen to the following conversation, then circle *all* letters corresponding to statements that are correct according to what you heard.

1. La agencia de viajes se llama. . .
   - a. Buen viaje.
   - b. Viaje feliz.
   - c. Feliz viaje.

2. La agente de viajes le ofrece a Marcelo. . .
   - a. dos viajes interesantes.
   - b. un viaje a México.
   - c. un viaje a España.

3. El viaje a México. . .
   - a. es tan largo como el viaje a España.
   - b. es menos largo que el viaje a España.
   - c. es más largo que el viaje a España.

4. El viaje a España. . .
   - a. es de dos semanas.
   - b. incluye un pasaje de primera clase.
   - c. ofrece excursiones a otras ciudades.

5. Las excursiones desde Madrid incluyen. . .
   - a. Barcelona, Sevilla o Santander.
   - b. Toledo y Ávila.
   - c. Ávila y Valencia.

6. El viaje a. . .
   - a. México es tan caro como el viaje a España.
   - b. España es más caro que el viaje a México.
   - c. España cuesta menos que el viaje a México.

7. Marcelo prefiere. . .
   - a. un asiento en el pasillo.
   - b. la sección de no fumar.
   - c. el viaje a España.

8. Marcelo. . .
   - a. necesita pasaporte.
   - b. promete mandar los folletos.
   - c. pide folletos.

¡ASÍ LO DECIMOS!

9-2 Los Domínguez están de viaje. Listen to the dialogue and answer the following questions. Then listen and repeat as the speaker gives the correct answer.

1. ¿Adónde van los Domínguez?

2. ¿Estaban en la lista de espera de Avianca?

3. ¿Facturan el equipaje en Aeroperú?

4. ¿Es directo el vuelo de los Domínguez?

5. ¿Hay cola en el mostrador de Avianca?

6. ¿Adónde va Virginia?

7. ¿Tienen ellos las tarjetas de embarque?

8. ¿Cuántas maletas llevan?

¡ASÍ LO HACEMOS!

Estructuras

The imperfect of regular and irregular verbs

9-3 Lo que pasaba antes. Change the sentences below to the imperfect tense. Then listen and repeat as the speaker gives the correct answer.

1. Yo vuelo al Ecuador frecuentemente.

2. Tú comes antes de despegar.

3. Ella mira el folleto de viajes.

4. Nosotros facturamos el equipaje.

5. La azafata dice "¡Feliz viaje!"

6. Yo prefiero la sección de no fumar.

7. Tú compras el pasaje de ida y vuelta.

8. Los pilotos viven en Tegucigalpa.

9-4 Mi propia experiencia. Answer the questions you hear based on your own experience. Then compare your answers with the sample replies in the Answer Key.

MODELO: You hear: ¿Dónde vivías cuando tenías diez años?
            You say: *Yo vivía en la ciudad de Boston cuando tenía diez años.*

1. . . .   5. . . .

2. . . .   6. . . .

3. . . .   7. . . .

4. . . .   8. . . .

9-5 Nuestra familia antes. Form sentences using the cues provided. Then listen and repeat as the speaker gives the correct answer.

MODELO: You see: yo / ir / al supermercado frecuentemente
            You say: *Yo iba al supermercado frecuentemente.*

1. tú / ser / muy ordenado   4. Cecilia y Patricia / ser / buenas amigas

2. Fernando / ver / televisión todas las   5. yo / ser / buen jugador de fútbol

   tardes   6. tú / ir / de compras de vez en cuando

3. nosotros / ir / a México todos los años 7. ella / ser / estudiante de medicina

9-6 Hace diez años. . . Answer the following questions about your life ten years ago. Then compare your answers with the sample replies in the Answer Key.

MODELO: You hear: ¿Cómo eras tú?
            You say: *Yo era pequeña pero muy fuerte.*

1. . . .   5. . . .

2. . . .   6. . . .

3. . . .   7. . . .

4. . . .   8. . . .

Por or para

9-7 Respuestas breves. Answer each question you hear, using one of the following idiomatic expressions with **por**. Then listen and repeat as the speaker gives the correct answer.

por aquí	por ejemplo	por fin	por supuesto
por eso	por favor	por lo general	por último

1. . . .

2. . . .

3. . . .

4. . . .

5. . . .

9-8 De viaje en Venezuela. Complete the following sentences with **por** or **para**. Then listen and repeat as the speaker gives the correct answer.

1. Mañana salimos _____ Bogotá.

2. Paseamos _____ el centro _____ visitar los monumentos y museos.

3. Los pasaportes son _____ ustedes y van a estar listos _____ mañana.

4. Pagamos diez mil soles _____ los dos pasajes.

5. Vamos a pasar _____ el hotel _____ verlos.

6. Le doy quinientos soles _____ este sombrero. ¿De acuerdo?

7. ¿Necesitaron mucho dinero _____ el viaje?

8. Estuvimos en Sudamérica _____ un mes.

SEGUNDA PARTE

¡Así es la vida!

9-9 Después de la luna de miel. Listen to the conversation between Silvia and her mother after Silvia's honeymoon. Then circle *all* letters corresponding to statements that are correct according to what you heard. Note: **los pájaros** means *birds*.

1. Silvia y Jorge. . .

   a. estuvieron una semana en un parque nacional.

   b. la pasaron regular.

   c. llegaron anoche.

2. Jorge. . .

   a. estaba muy contento porque escaló unas montañas.

   b. escaló dos montañas y le gustó.

   c. nadaba en el lago a menudo.

3. Silvia. . .

   a. escaló dos montañas.

   b. nadaba en el lago frecuentemente.

   c. estuvo junto al río Verde, montando a caballo.

4. Los binoculares. . .

   a. son de Silvia.

   b. son de Jorge.

   c. son de la mamá de Silvia.

5. A Silvia. . .

   a. le gustó recorrer el país.

   b. le gustaron los bosques y las montañas.

   c. le gustó perder el mapa.

6. Silvia y Jorge. . .

   a. tuvieron un problema cuando perdieron el mapa.

   b. la pasaron maravillosamente cuando perdieron el mapa.

   c. recibieron ayuda de otro auto cuando perdieron el mapa.

7. La mamá de Silvia. . .

   a. manda besos a Jorge y saludos a su hija.

   b. espera ver a Jorge y a su hija el sábado.

   c. no tiene ganas de ver a Jorge.

¡ASÍ LO DECIMOS!

9-10 Cosas de las vacaciones. Listen to the following definitions. Then match the number of each definition with one of the words below.

_____ el balcón	_____ ir de excursión	_____ un museo
_____ los binoculares	_____ una isla	_____ el parque
_____ el bosque	_____ el lago	_____ pescar
_____ la estadía	_____ el mapa	_____ el río
_____ las gafas de sol	_____ montar a caballo	_____ la vista
_____ un hotel	_____ el monumento	_____ un volcán

¡ASÍ LO HACEMOS!

Estructuras

Preterit vs. imperfect

9-11 En el pasado. Form sentences using the cues provided. Use each verb in the preterit or the imperfect, as appropriate. Then listen and repeat as the speaker gives the correct answer.

1. Pablo / trabajar / alegremente / cuando / (yo) / llamarlo / por teléfono

2. mis abuelos / siempre / quedarse / en ese hotel / cuando / tener / vacaciones

3. ser / una noche fría, / el viento / soplar / fuertemente / y / nevar / mucho

4. generalmente / (nosotros) / estudiar / en la biblioteca / cuando / haber / un examen

5. ayer / (yo) / encontrar / un restaurante fantástico / cuando / caminar / por el centro

6. anoche / (nosotros) / salir / cuando / el concierto / terminar / a las nueve

7. mi reloj / marcar / las cinco de la tarde / y / hacer / mucho calor

8. nosotros / no saber / que / tú / estar / tan triste

9-12 Los planes cambiaron. Complete the following statements with the appropriate preterit or imperfect form of each verb in parentheses. Then listen and repeat as the speaker gives the correct answer.

1. Nosotros _____ (viajar) todos los años a Colombia pero este año no lo _____ (hacer).

2. Yo siempre _____ (recorrer) los nuevos museos, pero éste no lo _____ (conocer) hasta ayer.

3. Ustedes generalmente _____ (visitar) a sus padres durante las vacaciones, pero estas vacaciones _____ (visitar) a sus primos.

4. Tú siempre _____ (ver) a tu novia los fines de semana; pero ayer, sábado, no la _____ (ver).

5. Marcelo _____ (ir) a trabajar todos los veranos en el parque nacional, pero el último verano no _____ (ir).

6. Frecuentemente yo me _____ (dormir) en la biblioteca pero esta tarde no me _____ (dormir).

9-13 Mi propia experiencia. Answer the questions you hear based on your own experience. Then compare your answers with the sample replies in the Answer Key.

1. . . .   5. . . .
2. . . .   6. . . .
3. . . .   7. . . .
4. . . .   8. . . .

Adverbs ending in -mente

9-14 Después del viaje. Complete the following sentences using the adverb derived from each of the adjectives in parentheses. Then listen and repeat as the speaker gives the correct answer.

1. Carmen y Jorge recorrieron el país _____ (alegre).

2. El avión llegaba _____ (lento) a la puerta de salida.

3. La azafata pasó _____ (rápido) por la cabina del avión.

4. _____ (final) los pasajeros subieron al avión.

5. Pasamos por la aduana _____ (fácil).

6. _____ (único) los agentes de aduana pueden entrar aquí.

7. El piloto aterrizó _____ (correcto).

8. Estoy _____ (enorme) preocupado por los pasajeros.

9-15 ¿Cómo lo hacen? Answer each question you hear in a complete sentence, using the adverb derived from each adjective given below. Then listen and repeat as the speaker gives the correct answer.

1. tranquilo

2. frecuente

3. correcto

4. claro

5. lento

6. fácil

Repasito

9-16 ¿Quién está en el aeropuerto? Listen to the descriptions of some of the people in the picture that follows. Then decide who is who, based on the information you hear. Label the picture accordingly with the names provided.

Josefina Pereda
Federico Ruiz
la familia Peña
Pablo
Dolores Gutiérrez
Rosa Romero
Ema Flores
Pedro
el señor Ramírez
Ricardo Bello
Carlos Fuentes

9-17 ¿Qué hacía la gente? Answer the following questions according to the information you heard about the picture in Exercise 9-16. Then listen and repeat as the speaker gives the correct answer.

1. ¿Qué hacía Carlos Fuentes mientras esperaba el vuelo para México?

2 ¿Qué llevaba Pedro en la cabeza cuando habló con Rosa?

3. ¿Qué hora era cuando Ema facturó su equipaje?

4. ¿Dónde estaba Dolores Gutiérrez cuando el señor Ramírez encontró el perro?

5. ¿Qué hicieron los Peña antes de ir para la sala de espera?

6. ¿Qué hacía Pablo mientras Carlos Fuentes elegía una postal?

LECCIÓN 10
¡Tu salud es lo primero!

PRIMERA PARTE

¡Así es la vida!

10-1 En el consultorio. As you listen to the following conversation, circle the letters corresponding to *all* statements that are correct, according to what you hear. Listen to the recording as many times as necessary to find all the correct answers.

1. A Paula. . .

   a. le duelen los oídos.

   b. le duele la garganta.

   c. le duelen los huesos.

2. La farmacéutica. . .

   a. le pregunta a Paula si tiene gripe.

   b. le pregunta si tose.

   c. le dice a Paula que vea a un médico.

3. A Paula. . .

   a. no le gusta ir al médico.

   b. le da un jarabe para la tos.

   c. le duele el pecho.

4. Marcos. . .

   a. se siente mejor.

   b. quiere un antiácido.

   c. tiene dolor de estómago.

5. Don Felipe. . .

   a. se siente mal.

   b. necesita tomarse la presión.

   c. quiere que le pongan una inyección.

6. Alejandro. . .

   a. se rompió una pierna.

   b. necesitó sacarse una radiografía.

   c. es un muchacho muy saludable.

7. Don Felipe. . .

   a. es el esposo de doña Ester.

   b. tiene gripe.

   c. tiene un nieto que se llama Marcos.

¡ASÍ LO DECIMOS!

10-2 Prueba de la salud. Choose the word or expression from **¡Así lo decimos!** that best completes each sentence you hear. Then listen and repeat as the speaker gives the correct answer.

1. . . .

    a. el estómago.

    b. el brazo.

    c. la sangre.

2. . . .

    a. te rompes un hueso.

    b. haces ejercicio.

    c. guardas cama.

3. . . .

    a. operó.

    b. sacó la lengua.

    c. tosió.

4. . . .

    a. tiene náusea.

    b. toma la temperatura.

    c. receta la temperatura.

5. . . .

    a. hueso.

    b. corazón.

    c. brazo.

6. . . .

    a. del pie.

    b. del brazo.

    c. de la garganta.

¡ASÍ LO HACEMOS!

Estructuras

The Spanish subjunctive; an introduction

10-3 La doctora Vidal quiere... Doctor Vidal has advice on health care for all of her clients. Using the cues provided, tell what she wants each client to do. Then listen and repeat as the speaker gives the correct answer.

MODELO: La doctora Vidal quiere que. . .

1. yo / caminar / por el parque

2. tú / venir / frecuentemente al consultorio

3. Usted / comer / comida sin grasa

4. nosotros / hacer / más ejercicios

5. los niños / guardar / cama

6. tú / no / romperse / ningún hueso

7. yo / traer / las radiografías

8. nosotros / no / caerse / de la cama

The present subjunctive of stem-changing verbs

10-4 La doctora Vidal insiste en... Doctor Vidal insists that her patients do certain things. Form sentences using the cues provided. Then listen and repeat as the speaker gives the correct answer.

MODELO: La doctora Vidal insiste en que. . .

1. yo / pensar / en la salud

2. tú / devolver / los exámenes pronto

3. nosotras / dormir / más

4. ustedes / llegar / al consultorio a tiempo

5. tú / empezar / una dieta esta semana

The present subjunctive of irregular verbs

10-5 Más sugerencias de La doctora Vidal. . . Form sentences using the cues provided. Then listen and repeat as the speaker gives the correct answer.

MODELO: La doctora Vidal quiere que. . .

1. el enfermero / ser / simpático con los pacientes

2. yo / darle / la información a la enfermera

3. tú / estar / mejor en una semana

4. nosotros / ir / al consultorio hoy

5. ellas / saber / cómo hacer una radiografía

The Spanish subjunctive in noun clauses

10-6 Para mejorar la salud. . . Complete the following sentences using the cues provided. Then listen and repeat as the speaker gives the correct answer.

MODELO: You see: yo quiero que / tú ir al médico
            You say: *Yo quiero que tú vayas al médico.*

1. el doctor Pérez desea que / ustedes ponerse a dieta

2. tu madre insiste en que / tú venir pronto

3. nosotros preferimos que / ella guardar cama

4. yo quiero que / nosotros salir de aquí

5. el doctor prohíbe que / yo fumar

The *nosotros* command forms

10-7 ¿Qué van a hacer los enfermeros? Form **nosotros** commands with the verbs in the present subjunctive, using the cues provided. Then listen and repeat as the speaker gives the correct answer.

1. poner / las inyecciones en el consultorio

2. apagar / los fuegos

3. escribir / la carta a máquina

4. aceptar / el puesto ahora

5. reparar / el coche por la mañana

6. cortarse / el pelo antes de las dos

10-8 Antes de salir del trabajo. You have a summer job in a hotel. Your friend is telling you what you both need to accomplish before you can go home. Respond with **nosotros** commands using the cues provided. Then listen and repeat as the speaker gives the correct answer.

MODELO: You see: hablar / el jefe / unos minutos
            You say: *Hablemos con el jefe unos minutos.*

1. pasar / la aspiradora / las habitaciones

2. hacer / las camas / de todos

3. no / sentarse / sillas cómodas

4. limpiar / la piscina / de afuera

5. no / apagar / todas las luces

6. lavarse / las manos / antes de salir

¡Así es la vida!

10-9 "Me duele la espalda. . ." As you listen to the following conversation, circle the letters corresponding to *all* statements that are correct, according to what you hear. Listen to the recording as many times as necessary to find all the correct answers.

1. La doctora Roca. . .

    a. dice que los resultados son negativos.

    b. recomienda pastillas para el dolor de espalda.

    c. insiste en que el problema es el sobrepeso.

2. Carlos. . .

    a. tiene mucho dolor de espalda.

    b. está gordo.

    c. prefiere comer frutas y agua mineral.

3. La doctora. . .

    a. quiere que Carlos pierda peso lentamente.

    b. prefiere que Carlos haga una dieta muy complicada.

    c. piensa que el plan no va a ser tan horrible.

4. A Carlos. . .

    a. le sugiere que vaya a una tienda naturalista.

    b. le aconseja que coma comida con muchas proteínas.

    c. le recomienda que se inscriba en un club para hacer gimnasia.

5. La doctora dice que hacer el jogging. . .

    a. va a ayudar a que Carlos adelgace.

    b. ayuda a mantenerse en forma.

    c. ayuda a no engordar.

6. Carlos tiene que. . .

    a. controlar su peso todas las noches.

    b. anotar todo lo que come.

    c. ver a la doctora en catorce días.

¡ASÍ LO DECIMOS!

10-10 ¿Lógico o ilógico? Choose the most logical word or expression to complete each sentence you hear. Then listen and repeat as the speaker gives the correct answer.

1. . . .

    a. avena.

    b. estatura.

    c. sobrepeso.

2. . . .

    a. la gimnasia.

    b. la estatura.

    c. la diabetes.

3. . . .

    a. levantar pesas.

    b. engordar.

    c. hacer reposo.

4. . . .

    a. complexión.

    b. proteína.

    c. manteca.

5. . . .

    a. hacer el jogging.

    b. adelgazar.

    c. reposo.

6. . . .

    a. sobrepeso.

    b. cigarrillo.

    c. peso.

¡ASÍ LO HACEMOS!

Estructuras

The subjunctive to express volition

10-11 La recepcionista. As a hospital receptionist, you need to tell callers what to do. Form complete sentences using the cues provided. Then listen and repeat as the speaker gives the correct answer.

MODELO: You see: el doctor / insistir en / los Pérez venir inmediatamente
                You say: *El doctor insiste en que los Pérez vengan inmediatamente.*

1. la doctora Vidal / recomendar / tú / dejar / de fumar

2. los doctores / desear / usted / hacerse / las pruebas

3. el doctor Luján / querer / yo / tomar / el mensaje

4. el doctor Cárdenas / prefiere / nosotros / darle / una cita

5. la farmacéutica / necesitar / el doctor / dar / una receta

10-12 Preguntas de la oficina de seguro médico. Answer the questions you hear using the cues provided. Then listen and repeat as the speaker gives the correct answer.

1. ir al consultorio por la tarde

2. volver en dos semanas

3. Marcos / perder peso

4. tomar antibióticos cada ocho horas

5. los pacientes / visitar a los médicos

The subjunctive to express feelings and emotions

10-13 ¿Cómo reaccionan? Answer the following questions using the cues provided. Then listen and repeat as the speaker gives the correct answer.

MODELO: You hear: ¿Qué espera el dueño del club?
                    You see: mucha gente / venir hoy
                    You say: *El dueño del club espera que mucha gente venga hoy.*

1. las clases de gimnasia / ser / tan caras

2. tú / adelgazar / tanto

3. la dieta / terminar / pronto

4. el profesor / no / estar / aquí

5. el colesterol / bajar

10-14 ¿Cómo se siente cuando. . . ? Listen to the following sentences and combine them with the cues provided to form new sentences. Then listen and repeat as the speaker gives the correct answer.

1. Nos alegra. . .

2. Me enoja. . .

3. Siento. . .

4. Esperamos. . .

5. Lamento. . .

REPASITO

10-15 ¿Qué se dice del cuerpo? The following Spanish sayings refer to at least one part of the body. As you listen, complete the illustration below by labeling the parts of the body you hear mentioned.

10-16 ¿Cuáles son sus síntomas? Using the pictures below, answer the questions you hear about the people depicted. Then listen and repeat as the speaker gives the correct answer.

1.

2.

3.

4.

5.

6.

10-17 ¿Qué van a sugerir? Listen to the messages left for the doctors of Víctor Ruiz, Manuel Águilar, Mercedes Cuevas and Lucía Benavídez. Then decide which of the following things you think the doctors will tell them.

EL MÉDICO ...	VÍCTOR RUIZ	MANUEL AGUILAR	MERCEDES CUEVAS	LUCÍA BENAVÍDEZ	TODOS	NINGUNO
(1) quiere que venga a verlo.						
(2) sugiere que haga ejercicios.						
(3) espera que no tenga ningún hueso roto.						
(4) pide que se saque una radiografía.						
(5) recomienda que tome un antiácido.						
(6) espera que no tenga una infección de pulmón.						
(7) prohíbe que fume.						
(8) manda que tome antibióticos.						
(9) quiere que se ponga a dieta.						
(10) lamenta que le tengan que poner una inyección.						
(11) espera que coma más.						

10-18 "Doctor, ¿qué puedo hacer?" Listen to the medical problems of the following people and respond using the cues provided. Then listen and repeat as the speaker gives the correct answer.

MODELO: You hear: Doctora, me duele el pecho.
          You see: sugerir / hacerse una radiografía de los pulmones
          You say: *Le sugiero que se haga una radiografía de los pulmones.*

1. prohibir / fumar

2. querer / bajar de peso

3. esperar / venir en dos semanas

4. alegrarse / sentirse mejor

5. temer / estar roto el hueso

LECCIÓN 11

¿Para qué profesión te preparas?

PRIMERA PARTE

¡Así es la vida!

11-1 Una entrevista. As you listen to the following conversation, circle the letters corresponding to *all* statements that are correct, according to what you hear. Listen to the recording as many times as necessary to find all the correct answers.

1. Jorge. . .
   a. leyó el anuncio en una revista.
   b. oyó el anuncio por la radio.
   c. vio el anuncio en el periódico.

2. La empresa "Buen Trabajo" publicó. . .
   a. un solo aviso.
   b. más de un aviso.
   c. tres avisos.

3. Jorge quiere. . .
   a. un trabajo de secretario.
   b. un trabajo en la construcción.
   c. un trabajo de arquitecto.

4. Jorge es. . .
   a. contador.
   b. carpintero.
   c. electricista.

5. La dirección de Jorge es. . .
   a. Valencia 205, tercero, segunda.
   b. Valencia 305, tercero, primera.
   c. Valencia 305, tercero, primero.

6. El horario libre de Jorge es. . .
   a. por la tarde.
   b. de 8,30 a 14,00.
   c. de la mañana hasta las dos.

7. La meta del Sr. Requelme es. . .
   a. ser jefe de personal.
   b. ser coordinador.
   c. ser supervisor.

8. Jorge. . .
   a. quiere ganar mil pesetas por hora.
   b. prefiere un sueldo fijo.
   c. tiene un trabajo en la empresa "Construc S.A."

9. El jefe de personal. . .
   a. va a llamar a Jorge.
   b. va a entrevistar a Jorge.
   c. va a darle el puesto de supervisor a Jorge.

¡ASÍ LO DECIMOS!

11-2 ¿A qué profesión corresponde? Listen to the following sentences and choose the letter corresponding to the word that best completes each sentence. Then listen and repeat as the speaker gives the correct answer.

1. . . .

    a. arquitecto.

    b. dentista.

    c. peluquero.

2. . . .

    a. analista de sistemas.

    b. electricista.

    c. cocinera.

3. . . .

    a. plomero.

    b. peluquero.

    c. viajante.

4. . . .

    a. peluquera.

    b. carpintera

    c. secretario.

5. . . .

    a. veterinario.

    b. psicólogo.

    c. mecánico.

6. . . .

    a. sicóloga.

    b. periodista.

    c. bombera.

7. . . .

    a. diseñar casas.

    b. repartir las cartas y los paquetes.

    c. apagar fuegos.

8. . . .

    a. supervisor.

    b. electricista.

    c. plomero.

¡ASÍ LO HACEMOS!

Estructuras

The subjunctive to express doubt or denial

11-3 "¿Dudas de mí?" Form sentences using the cues provided. Then listen and repeat as the speaker gives the correct answer.

1. no / creer (tú) / mi dentista / estar / consultorio

2. dudar (ellos) / la ingeniera / resolver / el problema

3. pensar (nosotros) / los bomberos / ser / valiente

4. estar (tú) / seguro de / la médica / curar / mi enfermedad

5. no / dudar (ellas) / los carteros / llegar / a tiempo

6. creer (yo) / el intérprete / entender / ruso

7. no / pensar (usted) / la contadora / usar / calculadora

8. no / negar (yo) / el cocinero / conocer / la jefa

11-4 Toma la posición opuesta. Change the sentences you hear using the cues provided. Then listen and repeat as the speaker gives the correct answer.

1. (yo) no creer

2. (ustedes) negar

3. (nosotros) no dudar

4. (yo) dudar

5. (ella) no pensar

6. (tú) creer

The subjunctive with impersonal expressions

11-5 ¿Cierto o incierto? Listen to the following sentences and indicate whether they express certainty or uncertainty by placing a check mark in the appropriate column.

	CERTAINTY	UNCERTAINTY
1.		
2.		
3.		
4.		
5.		
6.		

11-6 Responsabilidades del empleado. Form sentences using the cues provided. Then listen and repeat as the speaker gives the correct answer.

MODELO: You see: es importante / el director / saber la verdad
               You say: *Es importante que el director sepa la verdad.*
               or
               You see: es mejor / hablar / el despacho
               You say: *Es mejor hablar en el despacho.*

1. es bueno / los empleados / ser / honrados

2. es imposible / el bombero / apagar / todo / los fuegos

3. es dudoso / la secretaria / recibir / la carta

4. no es fácil / leer / las evaluaciones

5. es necesario / la arquitecta / diseñar / la casa / ahora

11-7 ¿Un buen puesto? Answer the following questions using the cues provided. Then listen and repeat as the speaker gives the correct answer.

MODELO: You hear: ¿Qué es necesario?
            You see: usted / enviar el expediente
            You say: *Es necesario que usted envíe el expediente.*

1. (tú) / no / comer / durante la entrevista

2. ustedes / tener / seguro médico

3. (nosotros) / cambiar / el horario de trabajo

4. haber / plan de retiro

¡Así es la vida!

11-8 Una oferta. As you listen to the following conversation, circle the letters corresponding to *all* statements that are correct, according to what you hear. Listen to the recording as many times as necessary to find all the correct answers.

1. Carlos Rodríguez. . .

   a. era estudiante.

   b. es estudiante.

   c. busca trabajo.

2. El señor Peña. . .

   a. trabaja en una empresa de

   computación.

   b. quiere contratar al Sr. Rodríguez.

   c. entrevista a Carlos.

3. El señor Rodríguez. . .

   a. no tiene experiencia práctica.

   b. sí tiene experiencia práctica.

   c. tiene experiencia trabajando en la

   universidad.

4. El puesto. . .

   a. es por un año.

   b. es ofrecido a Carlos.

   c. es aceptado por Carlos.

5. El puesto incluye beneficios de. . .

   a. seguro de vida para toda la familia.

   b. bonificaciones anuales.

   c. seguro médico

6. La empresa. . .

   a. hace una evaluación de los empleados

   cada dos meses.

   b. da aumento cada seis meses.

   c. asciende a todos sus empleados dos

   veces al año.

¡ASÍ LO DECIMOS!

11-9 ¿Cuál es la mejor respuesta? Listen to the following sentences and choose the letter corresponding to the word or expression that best completes each sentence. Then listen and repeat as the speaker gives the correct answer.

1. . . .

    a. la despedida de una carta comercial.

    b. el saludo de una carta comercial.

    c. el título del currículum vitae.

2. . . .

    a. trabaja poco.

    b. trabaja mucho.

    c. es entusiasta y capaz.

3. . . .

    a. un currículum vitae.

    b. una solicitud de empleo.

    c. una carta de recomendación.

4. . . .

    a. la renuncia.

    b. el seguro.

    c. el puesto.

5. . . .

    a. solicitud.

    b. agencia.

    c. aspirante.

6. . . .

    a. el currículum vitae.

    b. la evaluación.

    c. la solicitud.

7. . . .

    a. ascender.

    b. aumentar.

    c. renunciar.

¡ASÍ LO HACEMOS!

Estructuras

The past participle and the present perfect indicative

11-10 ¿Ya lo han hecho? Tell what the following people have just done using the cues provided. Then listen and repeat as the speaker gives the correct answer.

1. Camila / firmar / el contrato

2. Josefina y Margarita / ir / a la agencia de empleos

3. nosotras / cambiar / el dinero

4. tú / comprar / la mochila verde

5. yo / repartir / los expedientes

6. la mecánica / reparar / los carros

7. aspirante / rellenar / la solicitud de empleo

8. ellos /recibir / el aumento

11-11 ¿Qué hemos hecho hoy? Change the following sentences to the present perfect. Then listen and repeat as the speaker gives the correct answer.

1. Yo rellené la solicitud de empleo.

2. Tú escribiste el plan de retiro.

3. Nosotras fuimos al banco.

4. Por fin contrataron a una traductora.

5. Raúl y Paco se jubilaron.

6. Yo pedí tres referencias.

7. Se murió el abuelo de Isabel.

8. Pablo y yo hicimos el trabajo.

11-12 ¿Cómo están las cosas en la empresa? Form sentences using the cues provided. Then listen and repeat as the speaker gives the correct answer.

MODELO: You see: las ventanas / estar / abrir
          You say: *Las ventanas están abiertas.*

1. las puertas / estar / pintar

2. el libro / estar / cerrar

3. los beneficios / estar / definir

4. la bonificación anual / estar / repartir

5. las aspirantes / estar / aburrir

6. el artículo / estar / escribir

11-13 Buscando un puesto. . . Respond affirmatively to the following questions using past participles. Then listen and repeat as the speaker gives the correct answer. Follow the model.

MODELO: You hear: ¿Escribiste las cartas?
          You say: *Sí, ya están escritas.*

1. . . .   4. . . .

2. . . .   5. . . .

3. . . .   6. . . .

The present perfect subjunctive

11-14 La salud y el trabajo. Form sentences using the verbs in the present perfect subjunctive and the cues provided. Then listen and repeat as the speaker gives the correct answer.

1. lamentar (tú) / yo / no / bajar de peso

2. esperar / tú / dormir / más

3. dudar (ustedes) / ella / visitar / al médico

4. sentir (nosotros) / ustedes / enfermarse

11-15 ¿Cómo respondes? Change the sentences that you hear using the cues provided. Then listen and repeat as the speaker gives the correct answer.

MODELO: You hear: Instalamos la fotocopiadora.
            You see: es bueno / nosotros
            You say: *Es bueno que nosotros hayamos instalado la fotocopiadora.*

1. es importante / él

2. es necesario / yo

3. es una lástima / tú

4. es increíble / nosotros

5. no es seguro / Esteban y Natalia

Repasito

11-16 Puestos y beneficios. Complete the chart below as you listen to the following descriptions of people and their jobs.

NOMBRE	TRABAJA A COMISIÓN	SUELDO FIJO	PLAN DE RETIRO	SEGURO MÉDICO	SEGURO DE VIDA
Echeverría					
Pinto					
Salinas					
Estévez					
Roldán					

11-17 El secretario "útil". You will hear a short story. After listening to the story, indicate whether the statements below are **C (Cierto)**, **F (Falso)** or **N (No está)**.

1. El secretario de la directora es muy listo.   C   F   N

2. La directora busca un secretario que sea inteligente.   C   F   N

3. La amiga de la directora duda que el secretario sea útil.   C   F   N

4. El secretario busca un trabajo que pague más.   C   F   N

5. Es importante que el secretario comprenda los artículos.   C   F   N

6. Dudamos que la directora escriba cartas en el periódico.   C   F   N

7. Es verdad que el secretario no hace nada bien.   C   F   N

8. El secretario es útil precisamente porque no es inteligente.   C   F   N

LECCIÓN 12

El futuro es tuyo

PRIMERA PARTE

¡Así es la vida!

12-1 ¿Por qué lo necesitas? As you listen to the following conversation, circle the letters corresponding to *all* statements that are correct, according to what you hear. Listen to the recording as many times as necessary to find all the correct answers.

1. Catalina quiere. . .

   a. una calculadora.

   b. un procesador de textos.

   c. una computadora y una impresora.

2. La mamá cree que Catalina. . .

   a. no necesita una computadora.

   b. necesita un procesador de textos.

   c. no necesita una impresora.

3. Catalina. . .

   a. será analista de sistemas.

   b. es analista de sistemas.

   c. será psicoanalista.

4. El precio que sale en la revista es. . .

   a. veinte mil pesetas.

   b. veintidós mil pesos.

   c. veinte mil pesos.

5. Por veinte mil pesos ofrecen. . .

   a. una videograbadora con pantalla a color.

   b. una computadora con pantalla a color.

   c. una calculadora con suficiente memoria.

6. La madre está enojada porque se rompió. . .

   a. la videograbadora.

   b. el teléfono inalámbrico.

   c. el contestador automático.

7. Por suerte Santiago arregló. . .

   a. el fax.

   b. el teléfono.

   c. la videograbadora.

¡ASÍ LO DECIMOS!

12-2 Escoge la tecnología. Listen to the following sentences and circle the letter corresponding to the word or phrase that best completes each sentence. Then listen and repeat as the speaker gives the correct answer.

1. . . .

    a. el contestador automático.

    b. el cajero automático.

    c. la calculadora.

2. . . .

    a. los juegos electrónicos.

    b. los faxes.

    c. los discos duros.

3. . . .

    a. una máquina de escribir.

    b. una computadora.

    c. una calculadora.

4. . . .

    a. la finca.

    b. la pantalla.

    c. sembrar.

5. . . .

    a. apagado.

    b. instalado.

    c. funcionar.

¡ASÍ LO HACEMOS!

Estructuras

The future tense

12-3 ¿Cúando harán eso? Form sentences using the future tense of the verbs and the cues provided. Then listen and repeat as the speaker gives the correct answer.

1. yo / ir / a Perú el año que viene

2. tú / buscar / un escáner nuevo / mañana

3. nosotros / grabar / la película / esta noche

4. ellos / repartir / las cartas / antes del mediodía

5. usted / cosechar / las manzanas / durante el otoño

12-4 En el futuro. . . Form questions in the future tense using the cues provided. Then listen and repeat as the speaker gives the correct answer

MODELO: You see: (yo) poner / dinero / en el banco
                You say: *¿Pondré el dinero en el banco?*

1. (ellos) tener / suficiente comida

2. venir / mis padres esta noche

3. cuánto / valer / ese vestido

4. caber / todos los empleados en el auto

5. (tú) querer / pasar por aquí

6. (nosotros) saber / cómo llegar a su casa

7. (yo) poder / comprar todo

8. hacer / buen tiempo

12-5 ¿Cuándo pasará? Answer the questions that you hear using the future tense to express probability. Then listen and repeat as the speaker gives the correct answer.

1. 4:30

2. 20 años

3. 400 pesetas

4. 30 personas

5. ningún

6. 9:15

The future perfect tense

12-6 ¿Qué habrá pasado durante sus vacaciones? Your girlfriend or boyfriend is on vacation and you are wondering what may have happened. Ask questions using the cues provided. Then listen and repeat as the speaker gives the correct answer.

MODELO: You see: tener un buen vuelo
                You say: *¿Habrá tenido un buen vuelo?*

1. conseguir un buen hotel

2. visitar el Museo Picasso

3. conocer gente simpática

4. poder comprar regalos

5. entrar en la Villa Olímpica

6. hablar español

7. ir a fiestas

8. nadar en el Mediterráneo

12-7 Una visita al futurólogo. José is visiting a futurologist because he wants to know what will have occurred by the year 2010. Answer his questions as if you were the futurologist, using the cues provided. Then listen and repeat as the speaker gives the correct answer.

MODELO: You hear: ¿Habitarán los hombres Marte?
            You say: *No, no habrán habitado Marte.*
                  or
            You say: *Sí, habrán habitado Marte.*

1. Sí, . . .   4. No, . . .

2. No, . . .   5. Sí, . . .

3. Sí, . . .   6. No, . . .

The subjunctive with *ojalá, tal vez,* and *quizás*

12-8 En la tienda de computadoras. Form sentences using the cues provided. Then listen and repeat as the speaker gives the correct answer.

1. tal vez / ellos / instalar / (a mí) / la impresora

2. ojalá / él / imprimir / el correo electrónico

3. tal vez / nosotros / comprar / otro teléfono celular

4. quizás / ellas / recoger / la pantalla digital

5. ojalá / (tú) / llevar cuentas / con la base de datos

12-9 Un viaje de negocios. Answer the questions you hear using the cues provided. Then listen and repeat as the speaker gives the correct answer.

MODELO: You hear: ¿Crees que mi madre viene mañana?
            You see: Ojalá
            You say: *¡Ojalá que tu madre venga mañana!*

1. Tal vez. . .   4. Quizás. . .

2. Ojalá. . .   5. Ojalá. . .

3. Tal vez. . .

SEGUNDA PARTE

¡Así es la vida!

12-10 Ahora en "Tiempo nuevo". . . As you listen to the following conversation, circle the letters corresponding to *all* statements that are correct, according to what you hear. Listen to the recording as many times as necessary to find all the correct answers.

1. El tema de la semana es. . .

   a. "Tiempo nuevo".

   b. el medio ambiente.

   c. la energía.

2. El programa "Tiempo nuevo" se transmite. . .

   a. todas las semanas.

   b. una vez por semana.

   c. un día a la semana.

3. El invitado al programa es. . .

   a. un especialista en medio ambiente.

   b. un asesor de energía.

   c. un político de un partido.

4. El candidato quiere. . .

   a. consumir los recursos naturales.

   b. gastar dinero en la protección del ambiente.

   c. depositar desechos radioactivos en lugares especiales.

5. De la Calle piensa resolver el problema de energía. . .

   a. creando parques nacionales.

   b. utilizando la energía nuclear.

   c. con el petróleo.

6. Según de la Calle, la energía nuclear o sin humo. . .

   a. produce más contaminación que la energía por petróleo.

   b. es más limpia que la energía por petróleo.

   c. es tan sucia como la energía por petróleo.

7. Las medidas del partido de la Calle son. . .

   a. multar a las fábricas que arrojen desechos a la naturaleza.

   b. aumentar la despoblación forestal.

   c. emprender un programa de uso racional de los recursos.

¡ASÍ LO DECIMOS!

12-11 ¿Cuál es la mejor respuesta? Listen to the following sentences and circle the letter corresponding to the word or phrase that best completes each sentence. Then listen and repeat as the speaker gives the correct answer.

1. a. . . . multa.

   b. . . . energía.

   c. . . . naturaleza.

2. a. . . . la radioactividad.

   b. . . . el aire.

   c. . . . la atmósfera.

3. a. . . . despoblación forestal.

   b. . . . medida.

   c. . . . reciclaje.

4. a. . . . las fábricas.

   b. . . . la atmósfera.

   c. . . . los recursos naturales.

5. a. . . . aumenta la contaminación.

   b. . . . protege la central nuclear.

   c. . . . conserva los recursos naturales.

¡ASÍ LO HACEMOS!

Estructuras

The subjunctive and the indicative with adverbial conjunctions

12-12 ¡Siempre hay condiciones! Form sentences using the cues provided. Then listen and repeat as the speaker gives the correct answer.

MODELO: You hear: Iremos al cine.
            You see: a menos que / hacer sol
            You say: *Iremos al cine a menos que haga sol.*

1. a menos que / (yo) instalar la computadora

2. antes de que / ustedes salir

3. a fin de que / (tú) poder verla

4. con tal de que / usted tener las instrucciones

5. en caso de que / ser necesario

12-13 ¿Está hecho o todavía no? Form sentences using the cues provided. Then listen and repeat as the speaker gives the correct answer.

MODELO: You hear: Veo a mi novio.
            You see: cuando / tener tiempo
            You say: *Veo a mi novio cuando tengo tiempo.*
                    or
            You hear: Veré a mi novio.
            You see: cuando / tener tiempo
            You say: *Veré a mi novio cuando tenga tiempo.*

1. cuando / tener dinero

2. cuando / usarla

3. en cuanto / terminarlos

4. hasta que / contestarte

5. mientras que / imprimir los avisos

12-14 ¿Cierto o incierto? As you listen to the following sentences, indicate in the chart whether the speaker is conveying certainty or uncertainty.

	CERTAINTY	UNCERTAINTY
1.		
2.		
3.		
4.		
5.		

Repasito

12-15 "Para el año próximo. . ." Predict what will have happened by next year. Begin your sentences **"Para el año próximo. . ."**, and make all other necessary changes. Then listen and repeat as the speaker gives the correct answer.

MODELO: You see: Resolveremos el problema del desempleo.
            You say: *Para el año próximo habremos resuelto el problema del desempleo.*

1. Me graduaré.

2. Elena viajará a Costa Rica.

3. Mis padres vendrán de Inglaterra.

4. Consumiremos menos energía.

12-16 ¿Qué han hecho para el medioambiente? Answer the questions you hear using the cues provided. Then listen and repeat as the speaker gives the correct answer.

MODELO: You hear: ¿Llenaste la solicitud?
            You see: tener tiempo
            You say: *No, no he tenido tiempo. La llenaré pronto.*

1. lavar las botellas todavía

2. recibir notificación

3. estar en el Perú

4. tener problemas con la planta nuclear

12-17 "Quería comprar un. . ." Look at the following index of an electronics company's catalogue. Then listen to the descriptions of several shoppers' needs and determine what pages of the catalogue they are likely to have consulted. Write the page numbers on the lines provided next to each shopper's name.

ÍNDICE

Audio
Casetes, Audio y Duplicadores 109
Discos compactos 88-89
Estéreos alta fidelidad, tipo Walkman, Accesorios 89-105
Radios, Radiograbadores 92-94, 96, 101, 106
Relojes, Radio relojes 92, 106
Televisores 61-63, 91

Calculadoras
Calculadoras y accesorios 24-27

Computadoras y accesorios
Accesorios generales 52-54
Accesorios para impresoras 51-52
Accesorios para impresoras láser 50
Computadoras, discos y accesorios 29-47
Disquetes 53
Impresoras, impresoras láser 48-50
Libros de computación 41-42
Módems 36-38
Monitores 39

Fotocopiadoras, Fax, Máquinas de escribir
Artículos de oficina, cajas registradoras 163, 170
Fotocopiadoras 164-165
Fax 155-162
Máquinas de escribir 153-155
Procesadores de texto 166-169

Teléfonos
Teléfonos, contestadores automáticos, teléfonos inalámbricos 116-123
Teléfonos celulares 174-176

Marcos y Gerardo: _____

Héctor: _____

Los señores Herrera: _____

12-18 ¿Cierto o falso? Listen to the following statements and tell whether they are **C (Cierto)** or **F (Falso)** based on the index in Exercise 12–17.

1.   C   F   3.   C   F

2.   C   F   4.   C   F

LECCIÓN 13

¿Oíste las noticias?

PRIMERA PARTE

¡Así es la vida!

13-1 El periódico por la mañana. As you listen to the following conversation, circle the letters corresponding to *all* statements that are correct, according to what you hear. Listen to the recording as many times as necessary to find all the correct answers.

1. Pablo. . .

   a. lee los titulares.

   b. lee la cartelera del periódico.

   c. lee la primera plana del periódico.

2. Alejandra. . .

   a. buscó el periódico.

   b. lee el consultorio sentimental.

   c. quiere leer el artículo sobre Perú.

3. Pablo le dice a Alejandra que. . .

   a. vea una telenovela.

   b. lea la sección financiera del periódico.

   c. lea los resultados de los partidos de tenis.

4. Pablo y Alejandra leen juntos. . .

   a. la esquela y la crónica social.

   b. el editorial sobre Perú.

   c. el artículo sobre Perú.

5. Lucas puede leer. . .

   a. las tiras cómicas.

   b. la esquela.

   c. el consultorio sentimental.

6. Lucas. . .

   a. tiene interés en leer la cartelera.

   b. prefiere leer los deportes.

   c. elige leer el horóscopo.

7. Pablo. . .

   a. quiere oír las últimas noticias en televisión.

   b. desea escuchar una emisora que ponga noticias.

   c. no puede tolerar al comentarista de la radio.

8. Lucas. . .

   a. teme que las emisoras de radio no pasen noticias.

   b. espera ver las noticias de los canales de Latinoamérica.

   c. lee el horóscopo para él y su mamá.

¡ASÍ LO DECIMOS!

13-2 ¿Qué quieres hacer esta noche? Answer the following questions based on the newspaper clipping below. Then listen and repeat as the speaker gives the correct answer.

1. . . .

2. . . .

3. . . .

4. . . .

5. . . .

6. . . .

MUY ESPECIAL

■ En la televisión

5:30 p.m.

51 **El niño.** Un programa dirigido a los nuevos padres, con Eva y Jorge Villamar.

8:00 p.m.

HIT **Hablando con el Pueblo.** Armando García Sifredo nos trae un programa para Miami tocando temas de interés para toda la ciudadanía. 90 mins.

8:00 p.m.

DIS **Toy Story 2.** Con las voces de Tom Hanks y Tim Allen. Woody descubre que es seguido por un coleccionista. Tiene que decidir si se queda con los otros juguetes o sigue la fama. 1 1/2 hrs.

9:00 p.m.

51 **El Alburero.** Con Rafael Inclán y Rebeca Silva. Un hombre amable habla en rima y trata de conquistar a las mujeres. 100 mins.

■ En la radio

Mediodía

WWFE-AM (670) Radio Fe. **La mogolla.** Alberto González en un programa de sátira política y social.

10:00 p.m.

WTMI-FM (93.1) Nocturno. Barber: Concierto de violín, Op. 14; Oliveira, violín; Orquesta Sinfónica de St. Louis; director, Slatkin; Thompson: Sinfonía No. 3 en la menor; Orquesta Sinfónica de Nueva Zelandia; Schenk, director. Brahms: Cuarteto de cuerdas No. 2 en la menor, Op. 51; Cuarteto Janacek.

NOCHE

6:00 p.m.
- **23** **51** Noticiero
- **HIT** La bahía 1 hr.
- **TEL** Topacio Repetición

6:30 p.m.
- **23** Noticiero Univisión
- **51** Noticiero Telemundo / CNN
- **GAL** ¡Ándale! Paco Stanley. 1 hr.

7:00 p.m.
- **23** Paulatina
- **51** Manuela
- **HIT** Chispita
- **TEL** Tele Perú

7:30 p.m.
- **GAL** T.V.O.
- **HIT** Tremenda corte

8:00 p.m.
- **23** Buscando
- **51** Película El sombrero de tres picos
- **GAL** La bahía
- **HIT** Hablando con el pueblo
- **TEL** Internacional video "Hit 5/10"

8:30 p.m.
- **GAL** Rosa salvaje

9:00 p.m.
- **23** Al filo de la muerte
- **51** Película El Alburero. Con Rafael Inclán y Rebeca Silva. Un hombre amable habla en rima y trata de conquistar a las mujeres. 100 mins.
- **GAL** Pepita
- **TEL** Topacio Repetición

9:30 p.m.
- **GAL** Madres egoístas
- **HIT** Clásicos del teatro

10:00 p.m.
- **23** Viña del mar "Festival de Canciones" (Parte 6 de 7). Desde Valparaíso, Chile. 1 hr.
- **GAL** Valeria y Maximiliano
- **TEL** Estudio abierto Luis Conte

10:30 p.m.
- **51** Mi vida
- **GAL** La luna

11:00 p.m.
- **23** **51** Noticiero
- **GAL** Vida perdida
- **HIT** Oscar Aguero
- **TEL** Debate Repetición

¡ASÍ LO HACEMOS!

Estructuras

The imperfect subjunctive

13-3 ¿Qué quería la prensa? Form sentences using the cues provided. Then listen and repeat as the speaker gives the correct answer.

MODELO: You see: el presidente / hablar / la gente
            You say: *La prensa quería que el presidente hablara con la gente.*

1. yo / expresar / mi opinión

2. tú / resolver / el problema

3. los reporteros / ser / exacto

4. nosotros / leer / la crónica

13-4 La estación de radio. Change the following sentences to the imperfect subjunctive. Then listen and repeat as the speaker gives the correct answer.

MODELO: You hear: Es importante que vengas.
            You say: *Era importante que vinieras.*

1. . . .

2. . . .

3. . . .

13-5 Durante el noticiero. Answer the following questions using the cues provided. Then listen and repeat as the speaker gives the correct answer.

MODELO: You hear: ¿Qué era importante?
            You see: yo / consumir / poco
            You say: *Era importante que yo consumiera poco.*

1. escuchar (tú) / al meteorólogo

2. revisar (nosotros) / las notas del acontecimiento.

3. solucionarse / el problema

4. el programa / no salir / bien

Possessive adjectives and pronouns (long forms)

13-6 Reporteros viajantes en un hotel. Answer the questions that you hear based on the cues provided. Follow the model. Then listen and repeat as the speaker gives the correct answer.

MODELO: You hear: ¿De quién es la almohada?
            You see: yo
            You say: *La almohada es mía.*

1. yo

2. yo

3. yo

4. tú

5. tú

6. tú

7. nosotras

8. nosotras

13-7 ¿Cómo dividir el periódico? Form sentences using the cues provided. Then listen and repeat as the speaker gives the correct answer.

MODELO: You see: el artículo / ella
            You say: *El artículo es suyo.*

1. la primera plana / nosotros

2. las tiras cómicas / tú

3. los anuncios / los padres

4. el horóscopo / yo

5. la sección deportista / tú

6. la cartelera / yo

7. el consultorio sentimental / nosotros

8. la esquela / los abuelos

SEGUNDA PARTE

¡Así es la vida!

13-8 ¿Te gustó la película? As you listen to the following conversation, circle the letters corresponding to *all* statements that are correct, according to what you hear. Listen to the recording as many times as necessary to find all the correct answers.

1. Gladysín y Rodrigo. . .

   a. fueron al cine.

   b. comieron en un restaurante.

   c. fueron al teatro.

2. A Gladysín le gustó. . .

   a. el rodaje.

   b. la cinematografía.

   c. el galán.

3. Gladysín quiere. . .

   a. regresar al teatro.

   b. regresar al cine.

   c. cambiar el final.

4. Rodrigo. . .

   a. no vio la película.

   b. leyó la novela.

   c. se durmió durante la obra de teatro.

5. A Rodrigo. . .

   a. le gusta el final de la película.

   b. le interesa ser productor.

   c. le encanta el teatro.

6. Rodrigo. . .

   a. prefiere el cine porque cuesta menos que el teatro.

   b. ha actuado en varios dramas.

   c. quiere aplaudir a los actores.

¡ASÍ LO DECIMOS!

13-9 ¿Qué es eso? Choose the word or expression from **¡Así lo decimos!** that best completes each sentence you hear. Then listen and repeat as the speaker gives the correct answer.

1. . . .

    a. la cortina.

    b. la pantalla.

    c. el reparto.

2. . . .

    a. el guión.

    b. el galán.

    c. la productora.

3. . . .

    a. una comedia.

    b. un rodaje.

    c. una cinta.

4. . . .

    a. la ventaja.

    b. el protagonista.

    c. el espectador.

5. . . .

    a. actuar.

    b. grabar.

    c. representar.

6. . . .

    a. la escena.

    b. la obra.

    c. la cortina.

¡ASÍ LO HACEMOS!

Estructuras

The conditional and conditional of probability

13-10 Las esperanzas de algunos actores. Form sentences using the verbs in the conditional tense and the cues provided. Then listen and repeat as the speaker gives the correct answer.

1. yo / filmar / películas de aventura

2. tú / despedirlas / las actrices problemáticas

3. Antonio Banderas / grabar / más canciones

4. nosotros / mejorar / la protección del medio ambiente

5. ustedes / recibir / un aumento de sueldo

6. yo / mantener / mi familia

13-11 Si tuvieran más tiempo. . . Form complete sentences using the cues provided and following the model. Then listen and repeat as the speaker gives the correct answer.

MODELO: You see: Paco / prometernos / él / estudiar más
            You say: *Paco nos prometió que él estudiaría más.*

1. Juan / decirme / él / apagar el televisor

2. yo / creer / los niños / comer menos

3. Ana / decirnos / ella y Raúl / bailar toda la noche

4. mi esposo y yo / decidir / (nosotros) / hacer menos ejercicios

5. Fernando / decirnos / tú / pintar la casa

6. la profesora / decirles a los alumnos / (ella) / escribir los ejercicios en la pizarra

Si clauses

13-12 ¿Cómo sería mejor el mundo? Form sentences using the cues provided to express contrary-to-fact conditions. Then listen and repeat as the speaker gives the correct answer.

MODELO: You see: el país / tener / energía / el gobierno / cerrar la central nuclear
            You say: *Si el país tuviera energía, el gobierno cerraría la central nuclear.*

1. el hombre / cuidar / el bosque / haber / más animales

2. el programa / funcionar / (nosotros) tener / menos problemas

3. las fábricas / cumplir / las medidas / ser / mejor

13-13 ¡Éxito en las artes! Change the sentences that you hear to reflect contrary-to-fact conditions. Then listen and repeat as the speaker gives the correct answer.

MODELO: You hear: Si los actores actúan bien, el drama recibe muchos espaldarazos.
            You say: *Si los actores actuaran bien, el drama recibiría muchos espaldarazos.*

1. . . .

2. . . .

3. . . .

Repasito

13-14 No tenían mucha esperanza. Change the sentences that you hear to the imperfect subjunctive. Then listen and repeat as the speaker gives the correct answer.

MODELO: You hear: El gobierno aprueba la ley de reciclaje.
            You say: No creían que el gobierno aprobara la ley de reciclaje.

1. . . .

2. . . .

3. . . .

13-15 ¿Quién se entera de qué? Answer negatively the questions that you hear using the cues provided. Then listen and repeat as the speaker gives the correct answer.

MODELO: You hear: ¿El concurso es nuestro?
            You see: yo
            You say: *No, el concurso no es nuestro, es mío.*

1. ella

2. nosotras

3. yo

4. él

13-16 Si yo fuera directora. . . Tell your friend what would happen if you became a film director. Form sentences using the cues provided. Then listen and repeat as the speaker gives the correct answer.

1. mi familia y yo / vivir / Hollywood

2. mis productoras / darme / mucho dinero

3. yo / filmar / solamente / lugares exóticos

4. tú / comer / conmigo / restaurantes muy famosos

5. yo / tratar de ayudar / las personas / no tener / casa

13-17 ¡Señor dudoso! Listen to the following questions and fill in the blanks with the correct form, mode and tense of the verbs in parentheses. Then listen and repeat as the speaker gives the correct answer.

MODELO: You hear: ¿Crees que los anuncios clasificados **son** inútiles?
            You say: *Dudo que sean inútiles. Si fueran inútiles no tendríamos tantos anuncios en los periódicos.*

1. Dudo que el televisor (estar) _____ encendido.

   Si (estar) _____ encendido, no (haber) _____ tanto silencio.

2. Dudo que (representar) _____ la verdad.

   Si (representar) _____, no (haber) _____ tantos periódicos.

3. Dudo que (pagar) _____ poco.

   Si (pagar) _____ poco, (ver) _____ más anuncios comerciales en la televisión.

LECCIÓN 14

¡Seamos cultos!

PRIMERA PARTE

¡Así es la vida!

14-1 ¡A la ópera! As you listen to the following conversation, circle the letters corresponding to *all* statements that are correct, according to what you hear. Listen to the recording as many times as necessary to find all the correct answers.

1. Antonio. . .

   a. cree que Catalina está enferma.

   b. es alto.

   c. tiene un auto.

2. Catalina está. . .

   a. entusiasmada.

   b. nerviosa.

   c. enfadada.

3. El señor Villamar. . .

   a. quiere que Antonio y Catalina se diviertan.

   b. quiere que ellos vuelvan muy tarde.

   c. se despide de ellos.

4. Catalina y Antonio. . .

   a. han llegado tarde.

   b. conversan antes de que empiece la ópera.

   c. se preocupan por el tiempo.

5. Catalina está preocupada. . .

   a. por la cantidad de luces.

   b. por el vestido que lleva.

   c. por entender las palabras.

6. Durante el intermedio ellos. . .

   a. hablan de cuánto les gusta la ópera.

   b. ya quieren irse.

   c. compran refrescos para beber durante el segundo acto.

¡ASÍ LO DECIMOS!

14-2 ¿Qué es eso? Choose the word or expression from **¡Así lo decimos!** that best completes each sentence you hear. Then listen and repeat as the speaker gives the correct answer.

1. . . .

   a. aplaudir.

   b. componer.

   c. ensayar.

2. . . .

   a. improvisar.

   b. representarse.

   c. el acto.

3. . . .

   a. cámara.

   b. gira.

   c. coro.

4. . . .

   a. la octava.

   b. la melodía.

   c. la batería.

5. . . .

   a. el compositor.

   b. el director.

   c. el músico.

6. . . .

   a. el saxofón.

   b. el violín.

   c. la trompeta.

¡ASÍ LO HACEMOS!

Estructuras

Hacer in time expressions

14-3 ¿Habrá espectáculo, o no? Describe how long something has been going on using the cues provided and a form of **hacer**. Then listen and repeat as the speaker gives the correct answer.

MODELO: You see: tres días / la diva / no poder cantar
              You say: *Hace tres días que la diva no puede cantar.*

1. dos semestres / (nosotros) componer / música

2. una semana / la directora / estar enferma

3. tres horas / peinarte / el pelo

4. más de media hora / Julia y Paco / hablar / teléfono

5. cuatro días / (yo) no vender / ni un boleto

14-4 ¿Hace cuánto tiempo que. . . ? Describe how long ago something happened by answering the questions you hear using the cues provided and a form of **hacer**. Then listen and repeat as the speaker gives the correct answer.

MODELO: You hear: ¿Hace cuánto tiempo que compraste los boletos?
            You see: dos días
            You say: *Hace dos días que compré los boletos.*

1. tres años   4. diez minutos

2. una hora   5. seis horas

3. quince días

Pluperfect indicative

14-5 ¡Nunca había hecho eso durante una gira. Form sentences using the pluperfect tense and the cues provided. Then listen and repeat as the speaker gives the correct answer.

1. ellas / nunca / estar / en este país

2. tú / nunca / arreglar / un clarinete

3. él / nunca / recibir / tanto aplauso

4. nosotras / nunca / hacer / las camas del hotel

5. yo / nunca / cantar / un aria / tan larga

14-6 Antes de la gira. Form sentences using the pluperfect tense and the cues provided. Then listen and repeat as the speaker gives the correct answer.

1. yo / ya / terminar / los ejercicios

2. Ana / ya / escribir / el artículo

3. Paco / nunca / estar / en México

4. tú / solamente / cantar / en comedias musicales

5. antes de este año / mis padres / nunca / viajar / por avión

¡Así es la vida!

14-7 La alta costura. As you listen to the following conversation, circle the letters corresponding to *all* statements that are correct, according to what you hear. Listen to the recording as many times as necessary to find all the correct answers.

1. El desfile de modas es. . .

    a. dentro de una semana.

    b. a la una y media.

    c. el primero de la estación.

2. El primer conjunto es. . .

    a. un vestido de tul.

    b. simple.

    c. un vestido de terciopelo.

3. El diseñador quiere. . .

    a. viajar a Milán.

    b. ver los conjuntos.

    c. añadir una falda.

4. Marguelita quiere. . .

    a. más dinero.

    b. que el esmoquin sea de cuero.

    c. que Oscar no coma tanto.

5. Oscar no. . .

    a. puede ponerse el esmoquin.

    b. tiene una cita con Calvin Klein.

    c. tuvo problemas en Milán.

6. Pablo. . .

    a. ha comido demasiado.

    b. querría estar en Milán con Oscar.

    c. no debería haberse puesto

       el esmoquin.

¡ASÍ LO DECIMOS!

14-8 ¿Qué es eso? Choose the word or expression from **¡Así lo decimos!** that best completes each sentence you hear. Then listen and repeat as the speaker gives the correct answer.

1. a. . . . el conjunto.

   b. . . . el disfraz.

   c. . . . el esmoquin.

2. a. . . . la diseñadora.

   b. . . . la modelo.

   c. . . . la costurera.

3. a. . . . el terciopelo.

   b. . . . la piel.

   c. . . . la pana.

4. a. . . . encantadora.

   b. . . . fastuosa.

   c. . . . mundada.

5. a. . . . estar de moda.

   b. . . . el modo.

   c. . . . el desfile de moda.

¡ASÍ LO HACEMOS!

Estructuras

The pluperfect subjunctive and the conditional perfect

14-9 Dos modelos preocupados por el medio ambiente. Change the sentences that you hear to the pluperfect subjunctive. Then listen and repeat as the speaker gives the correct answer.

MODELO: You hear: ¡Ojalá tenga energía!
            You say: *¡Ojalá hubiera tenido energía!*

1. . . .

2. . . .

3. . . .

14-10 Lo que esperaba la gente. Form sentences using the cues provided. Then listen and repeat as the speaker gives the correct answer.

MODELO: You see: nosotros / empezar / un programa de las artes
            You say: *La gente esperaba que nosotros hubiéramos empezado un programa de las artes.*

1. usted / diseñar / más vestidos de boda   3. tú / solucionar / el problema

2. yo / cantar / mejor / en la ópera

14-11 ¿Por qué me enfermé? Tell what would have occurred to the following people if they had not been sick. Then listen and repeat as the speaker gives the correct answers.

1. yo / tocar / la trompeta en el concierto   4. nosotros / hacer / más pantalones de cuero

2. tú / ir a visitar / el costurero   5. usted / ver / más del desfile de moda

3. los modelos / controlar / el horario de

   trabajo

Contrary-to-fact conditions in the past

14-12 La ópera habría sido mejor. . . Change the sentences that you hear to reflect contrary-to-fact conditions in the past. Then listen and repeat as the speaker gives the correct answer.

MODELO: You hear: Si la diva tiene un nuevo vestido, la ópera es mejor.
            You say: *Si la diva hubiera tenido un nuevo vestido, la ópera habría sido mejor.*

1. . . .   4. . . .

2. . . .   5. . . .

3. . . .

Indirect commands

14-13 Después del accidente en el desfile. Answer the questions you hear using the cues provided. Then listen and repeat as the speaker gives the correct answer.

MODELO: You hear: ¿Qué le digo a la doctora Peña?
            You see: preparar / la receta para el señor Pérez
            You say: *Que prepare la receta para el señor Pérez.*

1. llamar / a los médicos de guardia

2. sacar / una radiografía de la rodilla izquierda

3. ir / a sus casas

4. esperar / la radiografía

5. llevar / los resultados al consultorio

Repasito

14-14 En la oficina del diseñador. Explain why you and your acquaintances did not follow a certain course of action, using the cues provided. Then listen and repeat as the speaker gives the correct answer

MODELO: You see: yo / solicitar el puesto / (yo) / no tener experiencia
            You say: *Yo habría solicitado el puesto pero no tenía experiencia.*

1. (nosotros) / escribir las cartas de recomendación / (nosotros) / no tener tiempo.

2. yo / despedir al secretario / él / no cometer el error

3. los Ramírez / contratar a la arquitecta / ella / querer un sueldo fijo

4. yo / pedir un aumento / (yo) / temer perder el puesto

5. ustedes / ascender al nuevo contador / él / marcharse a otra compañía

14-15 Sugerencias de una soprano famosa y vieja. Change the sentences that you hear to reflect contrary-to-fact conditions in the past. Then listen and repeat as the speaker gives the correct answer.

MODELO: You hear: Si enciendo el fax, consumo energía.
            You say: *Si hubiera encendido el fax, habría consumido energía.*

1. . . .

2. . . .

3. . . .

14-16 Antes del concierto. Look at the assignments for the people on the list and transform them into indirect commands. Then listen and repeat as the speaker gives the correct answer.

MODELO: You see: Ana ir al teatro temprano
            You say: *Que Ana vaya al teatro temprano.*

1. Pablo y Juan comprar las entradas

2. Ángeles ensayar con la orquesta

3. Los músicos prepararse

4. El director llegar a tiempo al teatro

5. La solista entretener al público

6. Todos aplaudir

LECCIÓN 15
¿Te gusta la política?

PRIMERA PARTE

¡Así es la vida!

15-1 Una entrevista con el presidente. As you listen to the following conversation, circle the letters corresponding to *all* statements that are correct, according to what you hear. Listen to the recording as many times as necessary to find all the correct answers.

1. La reportera, Marta, quiere. . .

   a. hablar de su vida social.

   b. que el presidente firme papeles.

   c. tener una entrevista seria.

2. El presidente ofrece. . .

   a. varias soluciones.

   b. algo de comer.

   c. algo de beber.

3. El presidente se preocupa por. . .

   a. la economía.

   b. la pobreza.

   c. los impuestos.

4. La entrevista. . .

   a. es muy chistosa.

   b. tiene varias interrupciones.

   c. termina rápidamente.

5. Marta. . .

   a. no termina la entrevista.

   b. fija otra cita.

   c. se despide del presidente.

6. Jaime. . .

   a. es asistente del presidente.

   b. trae el periódico.

   c. trae un agua mineral.

¡ASÍ LO DECIMOS!

15-2 ¿Qué es eso? Complete these sentences with words from **¡Así lo decimos!** that best complete each sentence you hear. Then listen and repeat as the speaker gives the correct answer.

1. . . .

    a. un arma.

    b. un ciudadano.

    c. un desarme.

2. . . .

    a. recurso.

    b. foro.

    c. paz.

3. . . .

    a. escaso.

    b. orgulloso.

    c. decisorio.

4. . . .

    a. un pacifista.

    b. una violación.

    c. un recurso.

5. . . .

    a. la guerra.

    b. el guerrero.

    c. la pobreza.

6. . . .

    a. abolir.

    b. promover.

    c. lograr.

7. . . .

    a. la compra.

    b. la fuente.

    c. el desperdicio.

¡ASÍ LO HACEMOS!

Estructuras

The subjunctive with indefinite and nonexistent antecedents

15-3 El nuevo general del ejército. Form sentences using the cues provided. Then listen and repeat as the speaker gives the correct answer.

1. buscar (nosotros) / un aspirante / ser / capaz

2. conocer (yo) / un plomero / no / cobrar / mucho

3. necesitar (ustedes) / una carta / empezar / con "Estimado señor:"

4. tener (tú) / una casa / tener / jardín

5. ¿haber / algún viajante / ser / entusiasta?

6. querer (nosotros) / resolución / no incluir / violencia

15-4 ¡Quiero ser activista! Change each sentence below to the opposite. Follow the model. Then listen and repeat as the speaker gives the correct answer.

MODELO: You see: Tengo un auto que es rojo y blanco.
             You say: *Busco un auto que sea rojo y blanco.*

1. Tengo una fuente que me informa acerca de la opresión.

2. Tienen unas armas que son del resurgimiento.

3. Tienes un mapa que es del Ecuador.

4. Tengo un gerente que trabaja mucho.

15-5 Cuando era más joven. Answer the questions referring to your past using the cues provided. Follow the model. Then listen and repeat as the speaker gives the correct answer.

MODELO: You hear: ¿Qué buscabas?
             You see: vida / no tener / guerras
             You say: *Buscaba una vida que no tuviera guerras.*

1. recursos / abolir / pobreza

2. padre / fortalecerme

3. gobierno / no promover / hostilidad

4. país en desarrollo / sufrir / mucho conflicto

The relative pronouns *que, quien, lo que*

15-6 El secretario explica todo. Complete the following sentences using the cues provided and the expressions **que, quien(quienes)** or **lo que**. Then listen and repeat as the speaker gives the correct answer.

1. El señor _____ llamó ayer es mi padre.

2. Eso es _____ no me gusta.

3. Ése es el chico con _____ viajé.

4. Verte contenta es _____ me importa.

5. La agencia _____ vende los pasajes es Costamar.

6. Los pasajeros de _____ hablamos están allí.

7. Aquella señorita es la azafata _____ me atendió.

8. Aquel señor es el piloto a _____ le dieron el trabajo.

9. Ésa es la chica de _____ te hablé.

10. _____ tienes que hacer es estudiar más.

11. La persona con _____ hablaste es mi hermana.

12. ¿Por qué no me dices _____ estás pensando?

SEGUNDA PARTE

¡Así es la vida!

15-7 Las elecciones han llegado. As you listen to the following conversation, circle the letters corresponding to *all* statements that are correct, according to what you hear. Listen to the recording as many times as necessary to find all the correct answers.

1. Renunció. . .

   a. un senador.

   b. un juez.

   c. el gobernador.

2. Graciela. . .

   a. quiere que el congreso apruebe la elección del juez.

   b. quiere que la cámara de diputados apruebe la elección del juez.

   c. quiere que el presidente elija al juez con el senado.

3. Las elecciones son para elegir. . .

   a. senadores.

   b. diputados.

   c. el gobernador.

4. A Carlos. . .

   a. le encantan los candidatos.

   b. le parecen un desastre los candidatos.

   c. le parece que los candidatos deben resolver problemas.

5. Raul. . .

   a. piensa que el plan económico es bueno.

   b. cree que ningún candidato puede resolver todos los problemas.

   c. dice que con Álvarez aumentó el desempleo.

6. Graciela. . .

   a. no duda que los candidatos pueden resolver muchos problemas.

   b. niega que Ortega tenga nuevas ideas.

   c. no cree que un candidato pueda resolver todos los problemas.

7. Ortega. . .

   a. desea proteger el medio ambiente.

   b. quiere pasar una ley sobre el aborto.

   c. dio un discurso muy interesante.

8. Álvarez. . .

   a. es el candidato preferido de Graciela.

   b. no tiene mucha experiencia en el gobierno.

   c. tiene pocas ideas nuevas pero mucha experiencia.

¡ASÍ LO DECIMOS!

15-8 ¿Qué es eso? Complete these sentences with words from **¡Así lo decimos!** Then listen and repeat as the speaker gives the correct answer.

1. El congreso está formado por la cámara de diputados y el _____.

2. El _____ es el gobernante de una ciudad.

3. La policía trata de combatir el _____.

4. El _____ y la _____ son los jefes de una monarquía.

5. La _____ es el tipo de gobierno opuesto a la democracia.

6. Algunos gobiernos gastan mucho dinero en _____ y armas.

7. El _____ es un tema de actualidad muy discutido.

8. Cuando no hay trabajo hay mucho _____.

9. Los _____ _____ ayudan a mucha gente que tiene poco dinero.

10. La protección del _____ _____ les preocupa a los ecologistas.

¡ASÍ LO HACEMOS!

Estructuras

Se for unplanned occurrences

15-9 Lo que nos pasó durante el día de elecciones. Form complete sentences using the cues provided. Then listen and repeat as the speaker gives the correct answer.

MODELO: You see: (a él) / ocurrirse / una buena idea
           You say: *Se le ocurrió una buena idea.*

1. (a ella) / perderse / las llaves

2. (a ti) / olvidarse / el nombre de los candidatos

3. (a ellas) / quemarse / la hamburguesa

4. (a nosotros) / olvidaron / las elecciones

5. (a ustedes) / caerse / los papeles

6. (a ti) / quedarse / las llaves

7. (a usted) / perderse / los carteles políticos

8. (a mí) / caerse / el vaso

The passive voice

15-10 La campaña. Form sentences using the cues provided. Then listen and repeat as the speaker gives the correct answer.

MODELO: You see: los impuestos / aumentar / el congreso
            You say: *Los impuestos fueron aumentados por el congreso.*

1. las cartas / escribir / ti

2. el senado / controlar / los republicanos

3. el presupuesto / escribir / el secretario

4. los cheques / firmar / el representante Álvarez

5. la presidenta / elegir / la gente

6. los candidatos / apoyar / el gobernador

15-11 Después de las elecciones. Change the sentences that you hear to the passive voice. Then listen and repeat as the speaker gives the correct answer.

1. . . .   4. . . .

2. . . .   5. . . .

3. . . .

Pero versus *sino*

15-12 Los resultados. Form sentences using the cues provided. Then listen and repeat as the speaker gives the correct answer.

MODELO: You see: reducirá la tasa de desempleo / no combatirá la inflación
            You say: *Reducirá la tasa de desempleo pero no combatirá la inflación.*

1. no sería dictadura / presidencia

2. ellas querrían ganar las elecciones / no son candidatas

3. Mercedes no eliminó el desempleo / la corrupción

4. él no es el alcalde / el gobernador

5. nosotros no queremos apoyar a la presidenta / a su contrincante

Repasito

15-13 En la oficina del Cuerpo de Paz. Answer the following questions using the cues provided. Then listen and repeat as the speaker gives the correct answer.

MODELO: You hear: ¿Conoces a alguien que sea de Bolivia?
            You say: *Sí, conozco a alguien que es de Bolivia.*
                or
            You say: *No, no conozco a nadie que sea de Bolivia.*

1. No, . . .   3. No, . . .

2. Sí, . . .   4. Sí, . . .

15-14 De viaje después de las elecciones. Answer the questions that you hear using the cues provided. Then listen and repeat as the speaker gives the correct answer.

MODELO: You hear: ¿Se te rompieron los libros?
            You see: la libreta
            You say: *No, se me rompió la libreta.*

1. los periódicos   4. los pasaportes

2. la computadora   5. la cámara

3. la maleta

15-15 ¿Trabajar para el alcalde? Look at the following want ad and decide if the statements that you hear are **C (Cierto)** or **F (Falso)**.

1.	C	F
2.	C	F
3.	C	F
4.	C	F
5.	C	F

Secretario (a) para el alcalde
25 a 40 años
5 años de experiencia mínima
Sueldo fijo
Horario de trabajo: lunes a viernes de 8:00 a 15:00
Enviar currículum vitae a:
        Jefe de Personal
        La Alcaldía
        Paseo San Juan 84
        Barcelona, 08090

LECCIÓN 1

Hola, ¿qué tal?

1-1 1. informal
       2. formal
       3. informal
       4. formal

       5. formal
       6. informal
       7. formal / informal
       8. informal

1-3 1. a, c, d 2. b, d 3. a, c, d 4. a, c, d 5. a, b, d 6. b, c 7. a, b, c 8. c, d 9. a, b, c 10. a, b, c
11. a, b, c 12. b, c, d 13. a, c 14. a, b, d 15. b, c, d

1-5 1. Hasta luego.
       2. Mucho gusto.

       3. Muy bien.

1-11 a. 2 b. 3 c. 4 d. 1

1-12 *(Items mentioned:)*

bolígrafo, borrador, cuadernos, estudiantes, libros, mochila, pizarra, profesora, pupitres, reloj, sillas, tiza, ventana,

1-13 a. 2 b. 5 c. 6 d. 3 e. 4 f. 1

1-14 P: ¿Cuántos alumnos hay?

R: Hay doce alumnos y diez alumnas.

P: ¿Cuánto cuestan los cuadernos?

R: Dos pesos.

P: ¿Qué es esto?

R: Es una mochila.

P: ¿De qué color es?

R: La mochila es azul y gris.

P: ¿Qué hay en la mochila?

R: Hay dos libros, un cuaderno, tres plumas y cuatro lápices.

1-15 a. 2 b. 4 c. 3 d. 3 e. 3 f. 4 g. 2 h. 1 i. 2 j. 1

1-16 *(Stressed syllables appear in boldface.)*

    1. re**loj**
    2. profe**sor**
    3. **lá**piz
    4. pa**pel**
    5. bo**lí**grafo

    6. estu**dian**te
    7. pu**pi**tre
    8. **Luis**
    9. **Eduar**do
    10. borra**dor**

1-22 *(Names in chart from top to bottom are:)*

Fernando, Mónica, Sergio, Adriana

LECCIÓN 2

¿De dónde eres?

2-1   1. C   2. F   3. C   4. C   5. C   6. C   7. C   8. F   9. C   10. F

2-2   1. a, b   2. b, c   3. a, b   4. a, c   5. a, b   6. a

2-4   1. soy;   2. son;   3. somos;   4. Yo;   5. es;   6. Nosotras;   7. Ella;   8. es;   9. son;   10. somos;
11. es;   12. Él;   13. es;   14. es;   15. es;   16. él;   17. es;   18. es;   19. Ellos;   20. Nosotros

2-11   (Answers may vary slightly.)

    1. a. Víctor Alberto Berisso es el señor Berisso.

        b. Carina Livingston es la señora de Berisso.

    2. a. María Fernanda Aguilar es la señora Del Grosso.

        b. Los Aguilar Zapata son los padres de María Fernanda.

    3. a. Los Cerruti son los padres de Leticia.

        b. Es de Buenos Aires, Argentina.

    4. a. Es la señora de Bisceglia.

        b. Es la señora de Cerruti.

    5. a. Duilio Francisco Bisceglia y Rosa de Luca de Bisceglia son los padres de Marcelo.

        b. Se llama Marcelo Bisceglia de Luca.

2-12   1. b   2. a, c   3. a, b, c   4. a, b   5. b, c   6. b, c   7. a, b   8. b, c

2-15   1. Question   4. Question

      2. Statement   5. Statement

      3. Question   6. Statement

2-20   1. María e Inés toman el autobús a las ocho menos cuarto de la mañana.

      2. Inés va a clases por la tarde.

      3. Pablo va a practicar el inglés a la una menos cuarto.

      4. María termina sus clases a la una.

      5. Llegan a casa a las siete y cuarto.

      6. La comida es a las ocho.

2-21   *Row 1:* Martín / 21 / colombiano / filosofía y letras / librería / fútbol / portugués

      Row 2: Manuel / 22 / chileno / administración de empresas / cafetería / camina / español

      Row 3: Dolores / 20 / cubana / ingeniería / Miami / tenis / francés

      Row 4: Susana / 26 / cubana / derecho / Universidad de México / tenis / francés y alemán

2-22 1. Se llama Carlos Tapia.

        2. Tiene veintidós años.

        3. Es de Argentina, pero ahora vive en Guayaquil, Ecuador.

        4. La nacionalidad es argentina.

        5. Habla francés, italiano, inglés y español.

        6. Estudia filosofía y letras y traducción.

        7. Estudia en la Universidad de Guayaquil y en la Alianza Francesa.

        8. Trabaja en la Librería "Las Guayas".

        9. Practica fútbol, natación y buceo.

2-23 *(Answers will vary; verb forms should not.)*

        1. Me llamo. . . *(your name).*

        2. Tengo. . . años.

        3. Soy alto/a, delgado/a, trabajador(a), simpático/a. . .

        4. Soy de. . . *(city).*

        5. Son de. . . *(city).*

        6. Estudio. . . *(subject or field).*

        7. Estudio en la Universidad de. . .

        8. Sí, (No, no) trabajo.

        9. Hablo inglés, español, . .

       10. Sí, (No, no) tengo hambre.

L E C C I Ó N   3

¿Qué estudias?

3-1 1. a, b 2. a 3. a, b 4. a, b 5. b, c

3-11 1. a, b, c 2. a, b 3. b 4. a

3-23 *Row 1:* Pablo / Miami / 900 / 18/12

        Row 2: Marcelo / Madrid / 332 / 30/12

        Row 3: Patricia / México / 201 / 25/12

        Row 4: La Srta. Pironio / Lima / 606 / 28/6

LECCIÓN 4

¿Cómo es tu familia?

4-1   1. b   2. a, b, c   3. a, b   4. b, c   5. c   6. a, b, c   7. b   8. a, b

4-10   *(Answers will vary.)*

     1. Almuerzo en (la cafetería).

     2. Mi clase de español empieza a (las ocho de la mañana).

     3. Prefiero (ir a la playa) con mis padres.

     4. Sí, (No, no) vuelvo a casa después de clase.

     5. Sí, (No, no) sueño todos los días.

     6. Sí, (No, no) pierdo dinero en la calle.

4-13   1. C   2. F   3. F   4. F   5. C

4-19
1. una casa
2. Pedro
3. medicina
4. su tía
5. un hijo pequeño

4-27
1. Es bajo, inteligente y muy trabajador.
2. Federico es trabajador.
3. Está muy guapa.
4. Tiene el carro de su hermano mayor.
5. La función empieza a las diez menos veinte.
6. Piensa que hay poco tiempo.
7. Conoce las calles de San Juan.
8. No, no conoce a los primos de Federico.
9. Son de Chile.
10. Presentan un espectáculo.

LECCIÓN 5

¿Cómo pasas el día?

5-1   1. F   2. F   3. C   4. F   5. F   6. C   7. F   8. C

5-3   *(Checked items should include:)*

baño, cama, cocina, comedor, cómoda, cuadro, dormitorio, escalera, escritorio, jardín, lámpara, lavadora, libros, planta alta, planta baja, sala, secadora, sillón, sofá, televisor, terraza, ventanas

5-13   1. b   2. a   3. b   4. a, c   5. b, c   6. a, c   7. a, c

5-14   *Third floor:*   *Left #5; Right #6*

         Second floor: *Left #1; Right #4*

         First floor: *Left #3; Right #2*

5-23   *(Checked items should include:)*

alfombra, baño, cama, cocina, comedor, cómoda, cuadro, estantes, estéreo, garaje, habitación, jardín, lámpara, mesa, sala, sillas, sillón, sofá, ventana

5-27   1.   los García: "Su casa junto al mar"

2.   los Rodríguez: Residencial Los Sauces

3.   Carlos Ruiz: Apartamentos Torrenueva

4.   los Torres: Residencial MonteReyes

LECCIÓN 6
¡Buen provecho!

6-1   1. a   2. a, c   3. a   4. c   5. a, b, c   6. a   7. a   8. c

6-11   *The following numbers should be circled:*

1, 4, 5, 8

6-12   1. Cortar;   2. ají;   3. Pelar;   4. sartén;   5. fuego bajo;   6. cucharadas;   7. cebollas;   8. picado;   9. Déjalo cocinar;   10. mediano;   11. Añadir;   12. pizca;   13. kilo;   14. Mezclar;   15. ingredientes;   16. cucharadita;   17. taza;   18. Cocinar;   19. cuchara;   20. recipiente;   21. refrigerador;   22. congelado r;23. hornear

6-23   1. uno;   2. salsa;   3. $1.00;   4. jugo;   5. naranja;   6. Cinco;   7. $.99;   8. leche;   9. Café;   10. carnes;   11. 531;   12. José

LECCIÓN 7
¡A divertirnos!

7-1   1. a, c   2. a, b, c   3. a, b, c   4. a, b, c   5. b, c

7-2   1. L   2. L   3. I   4. L   5. L   6. L   7. I   8. L   9. I   10. L

7-6   *(Answers will vary; verb forms should not.)*

1.   Almorcé. . .

2.   Fui a. . .

3.   Sí, (No, no) tuve que estudiar mucho el semestre pasado.

4.   Sí, (No, no) di. . .

5.   Comencé a estudiar español en. . .

6.   Sí, (No, no) jugué al fútbol este fin de semana.

7.   Sí, (No, no) compré algo (nada) ayer.

8.   Sí, (No, no) hablé con mis padres esta semana.

7-9   1. b   2. a, b   3. b, c   4. c   5. a   6. a

7-16   1. C   2. F   3. C   4. C   5. C   6. F   7. C   8. C

LECCIÓN 8

¿En qué puedo servirle?

8-1 1. b, c 2. a, c 3. a, b, c 4. a 5. a, c 6. a, c 7. b, c 8. b, c 9. c 10. a, b, c

8-3 *(Circled items should include:)*

sombreros, cinturones, guantes, sandalias, zapatos, vestido negro, blusa, bolsas, suéter, saco rayado, chaleco, sombrero, medias de lana, corbatas de seda, camisa, pantalones, zapatos de cuero

8-7 1. a, b, c 2. b, c 3. b, c 4. b 5. a, b, c 6. a 7. a

8-18 1. fue; 2. gasté; 3. compraste; 4. Anduve; 5. Primero;
6. fui; 7. busqué; 8. llavero; 9. aretes; 10. encontré; 11. dijeron; 12. pasaron; 13. eligieron;
14. compraron; 15. tenían; 16. contado; 17. joyería; 18. cheque; 19. efectivo; 20. hiciste;
21. Salí; 22. fueron; 23. seguí; 24. vitrinas; 25. entré; 26. hiciste; 27. Miré; 28. gasté;
29. pagué; 30. Compré; 31. pantalones; 32. rayada; 33. seda; 34. zapatería; 35. conseguí;
36. zapatos; 37. papelería; 38. volviste; 39. salí; 40. llegué

LECCIÓN 9

¿Vamos de viaje?

9-1 1. c 2. a, b, c 3. a 4. a, c 5. a, b 6. b 7. b, c 8. a, c

9-4 *(Answers will vary; verb forms should not.)*

1. Sí (No, no) miraba la televisión todos los días.

2. Sí, (No, no) viajaba a otros estados como Colorado y Utah.

3. Comía el desayuno a las siete de la mañana.

4. Sí (No, no), tenía muchos amigos.

5. Yo estudiaba en mi cuarto y en la escuela.

6. Cinco persona vivían conmigo.

7. Sí (No, no), escribía a mis abuelos de vez en cuando.

8. Sí (No, no), ayudaba mucho a mis padres.

9-6 *(Answers will vary; verb forms should not.)*

1. Iba a *Washington Elementary*.

2. Iba en autobús.

3. Eramos siete personas en mi familia.

4. Mis abuelos eran viejos y simpáticos.

5. Mi casa era grande y amarilla.

6. Veía "Where the Red Fern Grows".

7. Íbamos a las montañas para pescar.

8. Jugaba al baloncesto y al fútbol americano.

9-9 1. c 2. a, b 3. c 4. c 5. a, b 6. a, c 7. b

9–10
1. un hotel
2. un museo
3. pescar
4. la vista
5. el mapa

6. la estadía
7. una isla
8. un volcán
9. el balcón
10. ir de excursión

9–13 *(Answers will vary; verb forms should not.)*

1. Cuando era pequeño(a), iba de vacaciones a México.
2. Fui de vacaciones a Wyoming en diciembre.
3. Cuando estaba en la escuela secundaria, hablaba por teléfono frecuentemente con mi novio(a).
4. Ayer hablé por teléfono con mis padres.
5. Cuando tenía quince años, leía novelas policíacas.
6. La semana pasada, leí la lección ocho para la clase de español.
7. En mi escuela primaria, comía sándwiches para el almuerzo.
8. Anoche comí una hamburguesa.

9–16 Josefina Pereda y Federico Ruiz: *Stewardess and pilot walking toward Gates 1-5*

La familia Peña: *family group walking toward the "sala de espera"*

Pablo: *the man reading the newspaper*

Dolores Gutiérrez: *female airline employee behind ticket counter*

Rosa Romero: *middle-aged woman speaking with amused-looking airline employee behind the counter*

Ricardo Bello: *the amused-looking airline employee behind ticket counter*

El Señor Ramírez: *the puzzled young man in the baggage check-in line holding pet carrier*

Pedro: *small boy with hat looking at pet carrier*

Ema Flores: *the young woman checking in her luggage; she is bending over*

Carlos Fuentes: *the older gentleman selecting a postcard from the stand*

L E C C I Ó N   1 0

¡Tu salud es lo primero!

10–1 1. b, c 2. b, c 3. a, b, c 4. b, c 5. b 6. b, c 7. a

10–9 1. a, c 2. a, b 3. a, c 4. a, b, c 5. b, c 6. b, c

10–15 *(Labeled body parts should include:)*

brazo / ojos / corazón / hombro / dedos / frente / mano / boca / pies / cabeza / cuello / estómago / garganta / lengua / oreja / nariz / pulmón

10–17 *Row 1:*   Todos

Row 2:   Mercedes Cuevas

Row 3:   Manuel Águilar

Row 4:	Manuel Aguilar, Lucía Benavídez
Row 5:	Víctor Ruiz
Row 6:	Lucía Benavídez
Row 7:	Mercedes Cuevas
Row 8:	Lucía Benavídez
Row 9:	Mercedes Cuevas
Row 10:	Ninguno
Row 11:	Víctor Ruiz

LECCIÓN 11

¿Para qué profesión te preparas?

11-1   1. c   2. b   3. b   4. b, c   5. b   6. b, c   7. b   8. b   9. a, b

11-5
1. uncertainty
2. certainty
3. certainty
4. uncertainty
5. certainty
6. certainty

11-8   1. a, c   2. b, c   3. b, c   4. a, b   5. b, c   6. b

11-16   *Echeverría:* trabaja a comisión / seguro de vida

Pinto: sueldo fijo / seguro de vida

Salinas: sueldo fijo / seguro de salud / seguro de vida

Estévez: sueldo fijo / plan de retiro

Roldán: sueldo fijo / plan de retiro / seguro de salud / seguro de vida

11-17   1. F   2. F   3. C   4. N   5. C   6. N   7. N   8. C

LECCIÓN 12:

El futuro es tuyo

12-1   1. c   2. a, b   3. a   4. c   5. b   6. a, b, c   7. b, c

12-10   1. b   2. a, b, c   3. c   4. b, c   5. b   6. b   7. a, c

12-14
1. certainty
2. uncertainty
3. uncertainty
4. certainty
5. uncertainty

12-17 1. *Marcos y Gerardo:*   págs. 29–47, 48–50

2. *Héctor:*   págs. 116–123, 174–176

3. *los Herrera:*   págs. 88–89, 174–176

12-18 1. F   2. C   3. C   4. F

LECCIÓN 13

¿Oíste las noticias?

13-1 1. a, c   2. c   3. b, c   4. b, c   5. a, c   6. a, c   7. b   8. b, c

13-8 1. a   2. b   3. a, c   4. b   5. a, c   6. c

LECCIÓN 14

¡Seamos cultos!

14-1 1. c   2. a, b   3. a, c   4. b   5. c   6. a

14-7 1. a   2. c   3. b, c   4. a, c   5. c   6. c

LECCIÓN 15

¡Tu voto cuenta!

15-1 1. c   2. b, c   3. b   4. b, c   5. a   6. a, c

15-7 1. b   2. a   3. c   4. b, c   5. c   6. c   7. a, c   8. c

15-15 1. C   2. C   3. C   4. F   5. C